통과 La passe

통과 La passe
:분석주체에서 정신분석가로의 이행

펴 낸 날   2025년 08월 29일

지 은 이   신한석
펴 낸 이   이기성
기획편집   서해주, 최인용, 권희연
표지디자인   서해주
책임마케팅   이수영, 김정훈
펴 낸 곳   도서출판 생각나눔
출판등록   제 2018-000288호
주 소   경기도 고양시 덕양구 청초로 66, 덕은리버워크 B동 1708호, 1709호
전 화   02-325-5100
팩 스   02-325-5101
홈페이지   www.생각나눔.kr
이 메 일   bookmain@think-book.com

- 책값은 표지 뒷면에 표기되어 있습니다.
  ISBN 979-11-7048-905-4(03180)

Copyright ⓒ 2025 by 신한석 All rights reserved.

· 이 책은 저작권법에 따라 보호받는 저작물이므로 무단전재와 복제를 금지합니다.
· 잘못된 책은 구입하신 곳에서 바꾸어 드립니다.

통과 La passe

분석주체에서 정신분석가로의 이행

신한석 지음

생각나눔

contents

Prologue _7

part 1	이만하면 충분해요	28
part 2	통과의 경험	40
part 3	정신분석가의 전복적 욕망	54
part 4	실천에 대한 혼란	81
part 5	정신분석의 재발명	90
part 6	정신분석의 화신	103
part 7	죽음과 정신분석가의 욕망	125
part 8	대타자에서 소타자로	160
part 9	원칙의 운용	175
part 10	학교에 대한 욕망	188
part 11	마지막 한 조각	204

epilogue _219

통과 La passe

프롤로그

통과를 통과하기

마지막 출간을 이후로 한동안 글을 쓰지 않았다. 당시 새롭게 캐비닛(cabinet)[1]을 준비하는 와중이었으며 새로운 주체들과 임상을 시작했기 때문이다. 여기서 중점은 '새롭게'에 있다. 무엇보다 마지막 출간은 나의 임상 실천에 대한 방향성(orientation)을 완전히 '프로이트적인 것'으로 고정하는 계기가 되었다. 그 글을 쓰며 나는 무의식과 '프로이트적인 정신분석'에 대해 나름의 정리를 할 수 있었다. 나는 지금까지와는 다른 새로운 포지션으로 임상을 시작하게 되었다.[2] 관점이 새롭게 변화한 만큼 환자와의 분석 경험이 충분히 누적되기 전까지는 출간을 위한 글을 쓰지 않겠다고 다짐했다.

---

1) 프랑스어로 심리학자나 정신분석가의 집무실을 캐비닛(cabinet)이라고 한다.
2) 구체적인 임상에서의 변화 내용에 관해서는 이 책의 10장 「원칙의 운용」에서 기술되고 있다. 만일 보다 자세한 내용을 알고 싶은 독자가 있다면 나의 또 다른 저술 『정신분석 임상에서 질문의 기능』(생각나눔, 2022)을 참조하기를 바란다.

그럼에도 불구하고 나를 사로잡고 있는 주제가 있었다. 나는 매우 오랫동안 '정신분석의 끝(fin d'analyse)'이란 주제에 골몰했다. '정신분석의 끝이란 무엇인가?' 이 질문에 쉽사리 대답할 수 있는 정신분석가는 없을 것이다. 그러나 적어도 정신분석의 끝은 무의식이 낱낱이 밝혀져서 모든 증상으로부터 해방된 상태를 가리키는 것은 아니라고 말할 수 있다. 물리학자가 아무리 자연을 연구해도 자연의 모든 것을 알아낼 수 없듯이, 아무리 오랫동안 분석을 한들 베일에 가려져 있는 무의식은 존재하기 마련이다. 무의식의 모든 것을 밝혀낸 상태를 이상적 상태라고 한다면, 정신분석의 이상적인 종결은 불가능하고 말할 수 있다.

이전에는 빠른 증상의 해소를 원하는 환자들과 몇 개월 정도의 분석을 했지만, 이 사실을 깨달은 이후로는 방식을 바꾸게 되었다. 나는 더 이상 증상의 해소를 정신분석의 목표로 삼지 않는다. 정신분석 작업의 목표는 환자의 무의식을 심도 있게 분석하는 것이 되었다. 이를 위해 나는 그날그날 환자가 가져오는 자료들 -그것이 무엇이건 간에- 을 분석하는 데 초점을 맞추었다. 이러한 방식으로 일을 하게 되자 나는 이른 기간 내에 분석을 끝마치기란 쉽지 않다는 사실을 알게 되었다.

분석 작업의 목표가 달라지자 자연스럽게 분석의 기간이 점차 길어지게 되었다. 분석 주체들은 분석을 '장기로' 진행하길 원했다. 분석이 진행되어 호전이 나타나는 만큼, 주체들은 분석을 '제대로' 끝까지 마치길 원했다. 때때로 주체들은 자신이 호전되었다는 이유로 분석가가 분석을 일방적으로 중단할까 봐 두려워하는 모습을 보이기도 했다. 주체들은 정신분석이 끝없이 진행되길 원했다. 임상에서 이러한 변화가 일어난 것은 내가 프로이트의 방식을 제대로 실천했기 때문이라고 생각했다.

이런 상황에서 나는 출간을 위한 글쓰기를 미룰 수밖에 없었다. 임상적 현상을 충분히 관찰할 시간이 필요했기 때문이다. 물론 그동안 개인 블로그에 이런저런 글을 쓰긴 했다. 하지만 나는 분석가로서 공식적인 출판이 필요하다고 생각했다. 자신의 이름을 건 출판물을 내는 것은 분석가에게 요구되는 사항이라는 것을 프로이트와 라캉의 가르침(enseignement)을 통해 알고 있었기 때문이다. 문제는 나에게서 책을 쓰겠다는 욕망(désir)이 나타나지 않았다는 점이다. 나는 불안이나 의무감에 섣불리 행동하고 싶지 않았다. 나는 조바심을 느껴 억지로 무엇인가를 하기보다는 출판에 대한 미련 없이 일상을 이어 나가기로 했다. 그렇게 분석 임상을 하면서 연구하고 자기 자신을 분석하며 글을 쓰다 보니 3년 정도의 시간이 흘렀다.

어느 날이었다. 새로운 환자가 분석을 원해서 나를 찾아왔다. 1시간 정도의 면담 끝에 그 가 나와의 분석 작업을 원치 않는다는 사실이 밝혀졌다. 주체는 '생각해 보고 다시 오겠다.'라고 나에게 말했다. 약간의 아쉬움과 함께 세션을 마무리할 준비를 하고 있었다. 그가 나에게 물었다. "비용은 얼마나 드리면 되나요?" 나는 당시 첫 세션은 무료로 진행하고 있었다. 나는 답했다. "첫 세션은 무료입니다." 나의 말에도 그는 마음이 불편하다며 비용을 지불하고 싶다고 말했다. 그의 태도는 강경했다. 얼마나 드리면 되느냐는 질문에 나는 "원하는 만큼 주시면 됩니다."라고 답했다. 주체는 자신이 지불할 수 있는 만큼의 비용을 지불한 뒤 떠났다.

  이 경험 이후로 나는 수많은 생각에 휩싸였다. 무엇보다 지금까지 내가 왜 첫 세션에 비용을 받지 않으려고 했는지 생각하지 않을 수 없었다. 프로이트의 말을 빌리자면, 정신분석가는 자신의 시간을 타인에게 빌려주는 직업이다. 분석가는 시간을 내어서 타인을 만나 대화를 하는 것 자체가 '일'인 존재다. 일을 하면 비용을 받아야 하는 것이 당연한 일임에도, 나는 내가 일하는 시간에 대해서 타인에게 적절한 비용을 요구하지 않았다. 내가 뭔가 잘못을 저지르고 있었다는 생각을 하게 되었다. 이는 곧 내가 첫 세션만큼은 예외적으로 '일'로서 나를 찾아온 분석 주체에게 시간을 내주는 것이 아니라는 것을 의미했다. 정신분석가에게 적합한 태도는 아니었다. 생각 끝에 나는 앞으로 첫 세션에서부터 비용을 받겠다는 결정을 내렸다. 그것이 옳다는 판단이 들었기 때문이다.

  올바른 결정을 했다는 생각과는 별개로 나는 매우 심한 심리적인 갈등에 휩싸였다. 지금까지와 마찬가지로 분석을 진행한다면 아무런 문제가 없을 텐데, 굳이 새로운 방식을 시도해야 하는지 회의적이기도 했다. 불안했고 때로는 우울했다. 확실히 나에겐 그간 전혀 다루지 못했던 증상이 나타났다. 이는 나에게 분석되지 않은 무엇이 존재함을 의미했다. 나는 그 증상을 분석하지 않을 수 없었다. 나의 이 '증상적 갈등'에 대해 분석하기 위해 며칠의 시간을 투자했다.

분석의 과정은 쉽지 않았다. 자기 분석(auto analyse)을 통해 증상의 원인을 알아냈다는 생각이 든다고 하더라도 조금만 시간이 지나면 증상이 재발했다. 상황이 이렇게 될 때마다 나는 분석에 부족한 부분이 있으리라는 생각하며 다시 분석을 시도했다. 그러자 또 다른 새로운 내용이 밝혀졌다. 나는 이 내용이 분석되지 않아 증상이 재발했다고 생각하며 나름 만족했다. 나는 그 증상이 완전하게 분석되었다고 믿었다. 시간이 지나자 나의 만족은 너무 성급했다는 사실이 밝혀졌다. 또 증상이 나타났고 나는 분석을 다시 시도해야만 했다.

이상하게도 이 증상은 분석하는 것이 어려웠다. 중간중간 포기하고 싶은 마음이 생기는 때도 있었다. '어차피 지금도 살 만한데 굳이 분석해야 하나?' 이럴 때마다 나는 나의 분석 주체들에게 했던 말을 떠올리며 마음을 다잡았다. 분석이 더 이상 진척이 안 된다고 분석 주체들이 나에게 어려움을 호소할 때마다 나는 포기하지 말고 분석을 시도해야 한다고 말해 주었다. 나는 분석 주체들에게 해 주었던 말을 스스로 실천하지 않는다면 분석가로서 자격 미달이라고 생각했다. 나는 분석을 멈출 수 없었다. 그렇게 분석을 지속하다 보니 나는 어떤 원인에 도달했다고 생각하게 되었다. 증상의 중핵이라 할 만한 것이었다. 이 내용이 분석되자 더 이상 증상은 반복되지 않았다.

확실히 자기 분석을 통해 밝혀진 수많은 원인이 존재했다. 분석된 원인들은 증상의 원인이긴 하지만 증상을 완전히 해소하진 못했다. 그렇다면 이러한 원인들은 증상의 원인이 아니며, 나는 무의미한 작업을 했던 것일까? 결과적으로 나의 증상에 대한 분석이 성공했다는 사실로 미루어 보았을 때, 이것은 사실이 아니다. 결정적 원인에 도달하기 이전에 밝혀진 세부적인 원인들은 모두 결정적 원인에 도달하기 위한 과정이자, 증상을 이루는 수많은 원인 중 일부였다. 증상의 중핵은 하나이지만, 그 증상을 구성하는 수많은 무의식적 사고가 존재한다. 그 부분적인 원인 중 하나라도 간과한 채로 분석이 멈춘다면 우리는 증상의 중핵에 도달할 수 없다. 증상의 원인은 마치 '층'을 이룬 것처럼 차곡차곡 쌓여 있다고 할 수 있다. 프로이트의 말처럼 증상의 원인은 '중층 결정(surdétermination)'되어 있다.[3]

중층 결정된 원인들을 뚫고서 내가 도달한 증상의 중핵은 무엇이었을까? 나는 여기서 그것을 곧바로 공개하지는 않을 생각이다. 그

---

[3] 지그문트 프로이트, 김미리혜 옮김, 「히스테리의 심리 치료」, 『히스테리 연구』, 열린책들, 2003, pp.373~376, p.386

렇다고 아예 그것에 대해서 함구할 생각도 아니다. 간혹 분석가가 모든 것을 투명하게 공개하는 것이 좋지 않다고 주장할 수도 있겠지만 그러한 태도는 바람직한 것이 아니다. 오히려 정신분석의 진행 혹은 발전을 위해서 분석가가 자신의 분석 결과를 대중들에게 공개하는 것은 의미 있는 일이다. 나는 그것을 공개하기에 앞서 나의 분석적 여정을 하나하나 소개한 뒤 나중에 그것을 밝힐 생각이다. 나의 자기 분석 과정에서 마주하게 된 여러 무의식적 사고의 결절들을 이 책의 독자들 또한 순차적으로 조우하기를 바리기 때문이다.

  정신분석학의 창시자 프로이트 역시 『꿈의 해석』에서 자신의 꿈과 무의식에 대한 분석의 진행 과정을 그대로 공개했다. 이를테면 『꿈의 해석』 2장과 4장에서의 '이르마의 꿈'과 'R 삼촌의 꿈'에 대한 프로이트의 분석을 언급할 수 있다. 그 부분을 직접 읽어 본다면 알겠지만, 프로이트는 자신의 사고 과정을 '자유 연상'에 입각하여 가능한 한 그대로 밝히고 있다. 물론 프로이트는 그 책에서 자신의 모든 것을 공개한 것은 아니라는 사실을 숨기지 않는다. 혹자는 프로이트더러 용기가 없었다며 비난할 수도 있겠지만, 나는 그러한 입장에 동의하지 않는다. 프로이트는 분석과 관계없는 개인적인 자료들을 공개하지 않았을 뿐이기 때문이다. 프로이트의 모든 것을 알고 싶다고 말하는 것은 어찌 보면 관음증적인 욕망일 수 있다. 혹은 자신의 결핍을 외면하기 위해서 프로이트와 같은 타자의 결핍에 주목하려는 일종의 저항일 수도 있을 것이다. 그러나 정신분석의 대상은 기본적으로 타자가 아니라 자기 자신이다. 프로이트가 굳이 『꿈의 해석』에서 자신의 꿈을 분석 대상으로 삼으며 꿈의 해석 방법을 예시로 보여 준 까닭도 그 때문이다.

다시 돌아가자. 나의 이 분석 경험은 나에게 큰 영향을 미쳤다. 왜냐하면 나는 비로소 나의 정신분석이 끝났다고 생각하게 되었기 때문이다. 나는 그전까지 나의 분석이 끝났다고 생각하지 않았다. 나의 분석가와 함께했던 분석 작업은 2013년에 종결되었다. 나는 그 후로도 계속해서 분석이 끝나지 않았다고 느꼈으며, 정신분석의 끝이 무엇인지 정확하게 이론화할 수 없었다. 내가 분석가와 작업을 끝낸 2013년부터 무려 12년 동안 분석이 끝나지 않았던 것이다. 나의 분석가와의 관계는 끝이 났지만, 나의 분석은 그 이후로도 이어지고 있었으며, 그것은 2025년 2월 초까지 유지되었다.

분석가와의 관계가 끝난 후 나는 매우 오랜 시간 동안 '정신분석의 끝', '정신분석가의 양성(formation du psychanalyste)' 그리고 라캉의 '통과(passe)' 절차에 대해 문헌적으로 연구해 왔다. 내가 그토록 오랫동안 정신분석의 끝에 대한 이론에 관심을 가지고 그것을 해명하기 위해 노력했던 것은 일종의 증상이었다. 나의 분석이 끝나지 않았기에 분석의 끝에 대해 직접 나 자신의 경험을 분석할 수 없었으며, 책 속에서 분석의 끝에 대한 지식(savoir)을 찾길 원했던 것이다. 주체가 자신의 어떤 것이 분석되지 않는다는 이유로 책 속에서 그에 관한 지식을 찾고 있을 때, 분석가는 주체에게 뭐라고 말할까? "그것은 저항입니다. 책을 덮고 당신을 불편하게 만드는 그것에 대해서 자유 연상을 하세요." 분석가는 타자의 지식이 아닌 주체 자신의 자유 연상을 권한다. 나는 분석의 끝을 제대로 분석하지 못해 오랜 세월 동안 저항을 경험하고 있었다고 할 수 있다.

내가 이 책을 쓰기로 결정한 이유는 이제 그러한 과정이 끝났다고 생각하기 때문이다. 드디어 나는 정신분석의 끝이 무엇인지 말할 수 있게 되었다. 이 상황에 도달하니 나는 오랜 세월 동안 지속되었던 분석의 끝에 관한 연구를 단순한 저항으로 치부할 수 없다는 사실을 알게 되었다. 그것은 정신분석의 끝을 '이해하기 위한 시간(temps pour comprendre)'이라고 할 수 있었다. 나의 보는 순간(instant de voir)은 분석가와의 분석이 끝났을 당시에 고착되어 있었으며, 이후 그것을 이해하기 위한 시간을 거쳤다. 길고 긴 시간 끝에 나는 마침내 결론을 위한 순간(moment de conclure)에 도달했다. 이해를 위한 시간이 없었다면 나는 결코 지금과 같은 결론의 순간에 도달하지 못했을 것이다.

결론을 위한 순간에 도달한 순간, 나는 다시 책을 쓰고 싶다는 욕망을 가지게 되었다. 이제야 나는 알게 되었다. 내가 분석이 끝날 때까지 출간을 위한 글쓰기를 미루기로 한 것은 나와 함께 작업하는 분석 주체들의 작업이 끝나지 않아서가 아니다. 내가 정말로 알고 싶었던 것은 나 자신의 분석의 끝으로, 아직 나의 분석이 끝나지 않았기에 출간을 원하지 않았다고 할 수 있는 것이다. 뿐만 아니라 지금, 이 순간에야 글쓰기를 원한다는 말은, 내가 쓰고 싶은 것이 결국에는 정신분석의 끝에 대한 것이라는 사실을 알려 준다. 그렇다면 나는 왜 정신분석의 끝에 집착했을까? 그 이유는 정신분석의 끝에 존재하는 것이 정신분석가의 욕망이기 때문이다. 내가 정신분석의 끝에 대해 골몰했던 이유는 바로 나 자신이 분석가가 되길 원했기 때문이다.

글을 쓰던 중 나의 분석가를 처음 만났을 때가 연상되었다. 나는 나의 분석가가 한국에서 정신분석 강의를 개설했다는 사실을 우연치 않게 알게 되었다. 나의 분석가는 라캉 정신분석학의 본고장인 프랑스 파리에서 정신분석학으로 박사 학위를 받고 한국으로 돌아왔는데, 그는 말 그대로 나의 우상이었다. 그는 나의 '이상형'으로서 내가 되고자 하는 모습 그 자체를 체현하고 있었다. 나는 그의 수업에 바로 참여했다. 그 수업에서 그는 '정신분석가의 양성'을 위한 학교를 설립할 계획이라고 말했다. 그 말을 듣고 나는 정신분석가가 되어야겠다고 생각했다. 나는 그에게 분석을 받고 싶다고 말했고 그는 나에게 정신분석을 받고 싶은 이유에 대해서 물었다. 나는 '임상을 하고 싶다.'라고 대답했다. 그는 나의 대답에 만족스러워했다. 많은 사람들이 논문을 쓰고 싶어서 분석을 받고 싶다고 말하는데, 임상을 하길 원해서 분석을 받는 사람은 별로 없다는 것이다. 나는 실제로 정신분석을 '실천'하는 사람이 되고 싶었다. 실제로 나는 정신분석을 처음 접한 이후로 지금까지 정신분석가가 되는 것 말고는 다른 것을 진지하게 고려해 본 적이 없었다.

　하지만 그와는 별개로 나는 나의 첫 대답의 의미를 오랫동안 제대로 이해할 수 없었다. 나는 왜 정신분석가가 되고 싶었던 걸까? 내가 분석가가 되길 원했던 이유는 나 스스로 꽤나 오랫동안 심한 정신적 갈등을 겪었기 때문이다. 내 안에서 이해할 수 없는 생각과 환상, 충동 들이 반복되었다. 나는 그것을 막기 위해 노력했지만 모두 실패했다. 나는 '내 안에 내가 통제할 수 없는 나'가 존재한다는 사실을 뼈저리게 경험했다. 그럴 때마다 나는 나 스스로 미쳐 있다는 생각을 지울 수 없었다.

　나는 나에 대해서 너무나 궁금했다. 대학에 진학한 나는 인간과 관련한 학문들을 공부하기 시작했다. 나에게 벌어지는 현상을 설명하기 위해서였다. 특히 나는 철학과 심리학 그리고 정신분석에 관심이 많았으며 그것들을 주로 공부했다. 그러던 와중 나는 정신분석으로 진로를 결정하게 되었다. 그 계기는 내가 우연치 않게 프로이트를 읽게 된 것에 있었다. 어느 날 나는 도서관에서 프로이트의 책을 빌려 왔다. 내 기억이 맞다면 그 책은 『꿈의 해석』이었다. 그 책에는 꿈을 분석하는 방법이 적혀 있었다. 프로이트는 그 책에서 꿈을 분석하는 방식이 증상을 분석하는 방식과 크게 다르지 않다고 말했다. 분석의 방식은 생각보다 간단했다. 증상에 대해서 어떤 것들을 연상하되 그 어떤 내적 비판이 발생한다고 하더라도 그 연상을 이어 나가는 것이었다.

나는 책상 앞에 앉아서 프로이트의 방법을 스스로에게 적용해 보았다. 생각보다 쉽지 않았던 것으로 기억한다. 나는 연상되는 내용을 노트에 기록했는데 그러다 번뜩 어떤 욕망이 분석되었다. 내가 볼 때 그 욕망은 증상의 원인에 해당하는 것이었다. 나는 매우 놀랐다. 나는 내 안에 그런 욕망이 존재한다는 사실을 믿을 수 없었다. 분석된 내용은 분명 터무니없었지만, 그것을 연상해 낸 이는 다른 누구도 아닌 바로 나 자신이었다. 나 스스로 떠올린 내용을 부정할 수는 없었다. 어떻게 보더라도 그 분석 내용이 옳았다. 나는 그 분석의 내용에 대해서 매우 불쾌해했지만, 그럼에도 불구하고 프로이트가 옳다는 생각을 하게 되었다.

즉 나는 나의 증상이 던지는 의문에 끌려 정신분석학을 접했으며 무엇보다 나 자신이 치료되길 원했다. 그가 나에게 분석가가 되고 싶은 이유에 대해 물었을 때 나는 '임상을 하고 싶어서'라고 대답했지만, 그와 동시에 나의 병을 치료하고 싶은 생각도 있었다. 하지만 나는 이것을 그에게 말하지 못했다. 나는 나의 치료를 위해 분석을 받길 원했고 성공적으로 치료를 마친 후 분석가로서 활동하고 싶었다. 실제로 분석은 나에게 큰 도움이 되었다. 나를 괴롭혔던 증상 -공황 장애, 우울증, 자살 충동 등-은 분석을 시작한 지 얼마 되지 않아 사라졌다. 나는 정신분석이 확실히 효과가 있다는 사실을 몸소 체험했다.

내가 정신분석가가 되기로 결정했던 까닭은 바로 분석의 치료적 효과를 직접 경험하고 그것에 대해서 확신할 수 있었기 때문이었다. 그런데 분석가가 되기로 결정 이후에도 나는 어떤 종류의 죄책감을 가지고 있었다. 분석가에게 거짓말을 한 것 같았기 때문이다. 그때까지 나는 내가 과연 치료 분석을 원했었는지 그렇지 않다면 교육 분석을 원했었는지를 확실히 구분할 수 없었다. 내가 이렇게 생각했던 이유는 치료 분석과 교육 분석을 구분했기 때문이다. 당시 나는 무의식적으로 교육 분석은 치료 분석을 마치고 어느 정도 정상성을 획득한 사람들이 받는 것이라고 간주하고 있었다. 그러나 이는 사실이 아니다. 프로이트·라캉적 관점에서 치료 분석과 교육 분석은 구분되지 않는다. 치료적 목적으로 수행된 분석이라고 할지라도, 분석의 끝에 주체가 자신의 분석 경험을 '교육적'으로 활용한다면 그것은 교육 분석이 된다.

나는 나의 순수성에 대해 의심하고 있었다. 나는 나의 분석가에게 거짓말을 했던 것일까? 오랜 세월이 지나고 나서야 나는 거짓말을 하지 않았다는 사실을 알게 되었다. 오히려 나의 상황은 정신분석가가 되기에 매우 적합한 것이었다. 나는 나 자신의 병으로 인해서 나 자신을 알기를 원했고, 단순히 분석을 이론으로만 공부하는 것이 아니라 실제로 임상을 하는 정신분석가가 되고 싶었다. 그리고 실제로 임상을 하기 위해서는 정신분석을 직접 체험할 뿐만 아니라 나의 증상을 해소하는 과정이 필요하다. 이는 나의 경험이 증명한다. 내가 정신분석가가 되고 싶었던 원인은 나 자신의 증상이 던지는 의문, 즉 무의식(inconscient)에 있었다. 무의식이 실제로 존재하고 정신분석이 치료적 효과가 있다는 사실을 나 자신의 분석 경험을 통해서 알게 되었을 때, 비로소 나는 정신분석가가 되고자 진정으로 결심할 수 있었기 때문이다.

나는 여기서 증상의 원인으로 무의식을 지목했다. 이 말의 의미가 중요하다. 실제로 내가 정신적으로 고통받는 순간은 '알지 못할 때'다. 내가 나에 대해서 알지 못한다는 사실은 나에게 커다란 두려움을 일으켰다. 실제로 나의 성욕과 첫 대면했던 순간은 나에게 엄청난 두려움으로 남아 있다. 그런 의미에서 내가 본격적으로 증상에 시달리기 시작한 원인은 나의 성 충동과 마주했던 경험과 관련이 있었다. 성욕과의 조우는 그 자체로 외상적이었다. 나는 내가 왜 특정한 대상을 성적으로 원하는지 알 수 없었고, 어떻게든 그것에 대한 답을 내길 원했으나 그럴 수 없었다. 설명 불가능한 것과 마주했을 때 나는 고통받기 시작했고, 그런 이유로 인해서 나는 정신분석에 관심을 가지게 되었다.

고통으로부터 벗어나는 데 정신분석은 많은 도움이 되었다. 그 이유는 정신분석이 나 스스로 '진리(verité)'라고 인정하는 지식을 발명해 내는 작업이기 때문이다. 우리는 알지 못하는 것을 알아 나가는 과정을 '연구'라고 부른다. 정신분석에서는 연구와 치료가 동시에 이루어진다. 분석에서 주체는 자신의 무의식을 '주체적'으로 연구하며, 치료 효과를 불러일으키는 것은 이러한 작업과 그것을 통해 생산되는 진리다. 분석은 연구 작업을 통해 무지라는 증상적 고통의 원인을 해소한다. 분석 경험에 의하면, 많은 주체들은 알기를 원하지 않는다. 프로이트는 이를 저항(résistance)이라고 불렀다. 정신분석의 핵심은 저항을 극복하고 진리에 도달하는 것이다. "진리가 너희를 자유케 하리라."

이 진리에 대한 욕망이 바로 정신분석가의 욕망(désir du psychanalyste)이다. 나의 분석가로서의 경험에 의하면 많은 주체에게는 무지에 대한 열망이 있다. 주체들은 스스로를 알기를 원하지 않는다. 이들은 진리와 대면하느니 차라리 고통을 선택한다. 즉 주체에게는 무지의 열정이 존재한다. 정신분석가의 임무는 이러한 주체들과의 분석 작업에서 그들이 진리에 대한 욕망을 가질 수 있도록 그 방법을 가르치는 것이다.

자신에 대해서 알기를 원하지 않는 주체들과는 달리, 나는 나에 대해서 알고 싶었다. 사춘기쯤에 나는 다른 많은 이들처럼 '나는 누구인가?'라는 질문을 가지게 되었다. 나는 이 질문에 적절히 대답할 방식이 없다는 사실을 깨달았다. 그럼에도 불구하고 나는 이 질문에 대해서 제대로 대답하고 싶었다. 이러한 나의 욕망은 나를 공동체로부터 소외되게 했다. 이를테면 또래 친구들은 이러한 질문에 진지하게 임하지 않았다. 때때로 나는 공동체에 속하기 위해서 나의 욕망을 포기하려는 태도를 보이기도 했다. 하지만 진정으로 앎에 대한 욕망을 포기할 수는 없었는데, 나 자신에 대해서 모르는 상태로 있는 것이 너무나 두려웠기 때문이었다.

사실 우리의 주변에는 우리의 정체성을 설명해 주는 사람들이 많이 있다. 우선 부모라는 존재가 있으며, 더 나아가 우리가 속한 공동체도 우리에게 정체성을 부여한다. 무엇보다도 우리 역시 자기 자신을 설명하면서 정체성을 형성할 수 있다. 나 또한 나에 대해서 스스로를 수식할 수 있는 많은 기표들을 가지고 있었다. "나는 신한석이다.", "나는 어머니, 아버지의 자식이다." 등등. 그러나 나는 그것들을 거부했다. 타자로부터 주어진 그 어떤 기표도 나를 설명하기엔 부적절해 보였기 때문이었다. 주체가 타자의 권위를 존중하며 그 기표들을 수용하게 된다면 정체성에 대한 질문은 봉쇄된다. 그러나 나는 그러한 봉쇄에 저항했다. 내가 가졌던 의문은 내가 권위에 대해 반항적이라는 사실을 알려 준다. 내가 가졌던 나의 의문은 나의 특이성을 보여 주는 하나의 증표였다.

나는 타자가 부여하는 기표를 거절하는 성격적 특징을 가지고 있다. 결국 나는 나의 의문에 대해 스스로라도 알아내는 수밖에 없었다. 나에 대해 설명할 수 있는 최종적 권한은 나에게 있다고 믿었기 때문이다. 내가 라캉 정신분석에 관심을 가지게 된 것은 우연이 아니다. 라캉주의 정신분석에서 분석가는 앎을 전달하지 않는다. 라캉 정신분석은 내가 가진 문제의식을 공유한다. 자기 자신에 관한 진리를 스스로 생산해 낼 수 있도록 방법을 전수하는 것이 라캉 정신분석의 목표다. 실제로 나의 분석가가 나에게 직접 가르친 것은 없다. 아마 나의 분석가는 전 분석 기간을 다 합쳐서 나에게 채 20분도 말하지 않았을 것이다. 이러한 분석가의 침묵은 좌절스럽기도 했지만, 그와 동시에 내가 스스로 작업할 수 있도록 허락해 주었다.

한때 프로이트는 정신분석가의 정의를 '자신의 꿈을 분석하는 것'이라고 말한 바 있다.[4] 이 말은 정신분석가는 자신의 무의식적 형성물에 관심을 갖고 그것을 분석하는 사람이라는 것을 의미한다. 프로이트적 정의에 따르자면 나는 분석가의 욕망을 가지고 있었다. 다만 나는 내가 가지고 있었던 그 욕망의 정체가 무엇인지 알지 못했다. 따라서 나에게 정신분석이 필요했던 이유는 나에게 존재하던 '정신분석가의 욕망'을 자신의 것으로 받아들이기 위함이었던 것이다.

이 말은 오랜 시간 동안 내가 나의 욕망을 받아들이지 못했다는 것을 의미한다. 나는 나를 분석하는 일에서 즐거움을 느꼈다. 그런 즐거움과는 별개로 나에게 분석은 권위에 대한 도발과 도전처럼 경험되었다. 나의 지성을 스스로 활용한다면 남들이 나를 비난할 것이라는 불안에 휩싸였기에 그렇게 하지 않으려고 했다. 하지만 항상 무의식적으로 된 것이 그렇듯, 나는 결국 내가 원하는 대로 밀고 나갔다. 분석을 마친 후 나는 타자로부터 분석가라는 칭호를 받으려

---

[4] 지그문트 프로이트, 임진수 옮김, 「정신분석에 대하여」, 『끝이 있는 분석과 끝이 없는 분석』, 열린책들, 2005, p.198

고 노력하기보다는 스스로 분석가라는 명칭을 부여했다. 그리고 나의 이름으로 된 책들을 썼고, 한국 정신분석의 문제적 상황을 비판하기 시작했다.

그럼에도 불구하고 나에게는 정신분석 실천에 대한 두려움이 존재했다. '내가 이것을 정말로 해도 되는 것일까?' 이 한계를 극복하게 도와준 것은 다른 분석가와 주고받은 짧은 메일 덕택이었다. 한때 나는 정신분석을 공부하길 원하는 젊은 학자들을 위한 협회를 준비하고 있었다. 협회를 준비하고 있던 나는 그 분석가에게 자문을 부탁하고자 메일을 보냈다. 프랑스에서 긴 유학을 마치고 돌아온 그 분석가는 이미 나를 알고 있었다. 분석가는 일이 너무 바쁘기에 어쩔 수 없다며 거절 의사를 표했다. 그럼에도 나의 기획이 꼭 세상에 나오길 바란다는 응원을 해 주었다. 또한 나는 그 분석가에게 내가 작업한 책을 보냈는데, 그 분석가는 계속해서 정진하는 모습이 멋지고 멈추지 않길 바란다고 말해 주었다.

이 경험은 나에게 많은 영향을 미쳤다. 이 작업들은 나 스스로도 바보 같다고 생각했던 작업들이었다. 그럼에도 하지 않을 수 없다고 느꼈으므로 예상되는 타인의 비난과 불안 앞에서도 불구하고, 나는 결국 그것들을 시도할 수밖에 없었다. 그런 작업을 선배 정신분석가가 응원해 준다는 사실에서 나는 안도를 느꼈고, 어쩌면 나의 방향이 반드시 잘못된 것은 아닐 수도 있겠다는 생각을 하게 되었다.

그렇지만 나의 분석은 여전히 끝나지 않았었다. 좀 더 정확히 말하자면 나는 여전히 정신분석의 끝이 무엇인지 이해하지 못하고 있었다. 나는 프로이트적인 관점에서 정신분석은 끝없는 과정이라고 생각하고 있었다. 하지만 나는 라캉이 정신분석에는 끝이 있다고 말했다는 사실을 이미 알고 있었으며, 라캉이 어떤 의미로 그러한 주장을 했는지 알고 싶었다. 앞서 언급했던 환자와의 조우가 있기 전까지 나는 정신분석의 끝이 무엇인지 정확히 설명할 수 없었다.

그 환자는 무의식적인 방식으로 나에게 정신분석의 끝이 무엇인지 가르쳐 주었다. 나는 그러한 무의식적 가르침을 토대로 이 책을 쓰기로 결정했다. 이 책에서 나는 정신분석의 끝에 대해 말할 것이다. 그렇다고 일반적인 학술 논문을 쓰겠다는 말은 아니다. 나는 이 책을 통해서 나의 분석 경험을 전달하고자 한다. 이 책은 나의 경험담이다. 경험담을 쓴다고 해서 이 책이 에세이인 것도 아니다. 나는 나의 경험을 쓰지만, 자유분방하게 아무렇게나 쓰는 것이 아닌 프로이트와 라캉의 정신분석 언어를 통해 말하고자 한다. 내가 생각하는 정신분석 에세이, 정신분석 논문이란 이런 것이기 때문이다. 나는 이 책에서 내가 어떻게 해서 정신분석가가 될 수 있었는지에 대해서 한국어 화자로서, 분석의 개념들을 이용하며 글을 써 나갈 생각이다.

1969년 라캉은 '통과'라는 절차를 만들었다. 간단히 말해 통과는 스스로 분석을 마쳤다고 생각하는 주체가 자신의 경험을 '학교'에 보고하는 절차를 말한다. 라캉은 한 명의 분석 주체가 어떻게 해서 분석가가 되었는지 그 과정을 알기 위해서 통과라는 과정을 만들었다. 나에게는 나의 경험담을 보고할 학교가 없다. 대신 나는 대중에게 나의 경험을 공개하고자 한다. 이 책은 분석 주체에서 분석가로 통과하는 주체의 경험담이자, 정신분석에 매혹되었던 한국의 한 학생이 스스로에게 정신분석가라는 타이틀을 부여하고 살아가기로 결정한 그 일주에 대한 이야기이다. 나의 이 경험담이 정신분석가가 되고자 하는 욕망을 가진 이들에게 도움이 되길 바란다.

Part 1

이만하면 충분해요

"이만하면 충분해요."

"충분하다고요?"

분석을 마치는 날, 내가 분석가에게 했던 말이다. 내 말을 들은 분석가는 짐짓 언성을 높이며 나에게 되물었다. 나는 두려웠다. 그가 마치 나를 비난하는 것처럼 느껴졌기 때문이다. 나는 정신분석의 근본 규칙(règle fondamentale)을 떠올렸다. '머릿속에 떠오른 것들은 무엇이든 말한다.' 이것이 자유 연상(association libre)이라는 정신분석의 근본 규칙이다. 분석 규칙에 따르면 '설령 그것을 이야기했다는 이유로 분석가로부터 비난받을 것 같다는 생각이 든다면 더욱 그것을 이야기해야만 한다.' 나는 분석의 근본 규칙에 충실하길 원했다.

"네, 충분해요."

사실 너무나 오래전 일이기에 정확한 대화 내용은 기억나지 않는다. 많은 기억이 소실된 와중에도 기억에 남는 것이 있다면 나는 분석가 앞에서 물러서지 않았다는 점이다.

"고작 그 정도 분석을 받고서 분석을 받았다고 말할 수 있나요?"

내가 물러서지 않자, 분석가는 나의 분석 기간을 문제 삼았다. 확실히 나는 애초에 계약한 5년이라는 분석 기간을 채우지 않았다. 나의 분석은 확실히 '짧았다.' 이것이 문제가 되던가? 분석가의 말을 들은 나는 분석가가 나를 시험하고 있다고밖에 생각할 수 없었다. 어느 라캉주의 분석가도 분석의 기간을 문제 삼지 않는다. 프로이트 역시 정신분석의 '끝'을 기간으로 결정하지 않았다. 프로이트-라캉주의 정신분석은 분석의 끝을 양(quantité)이 아닌 질(qualité)로서 평가한다. 이것은 나도 아는 사실이다. 나도 아는 사실을 그는 모르는 것인가? 프랑스에서 10여 년 유학을 마치고 돌아온 분석가가 나보다 모른다고 생각할 수는 없었다. 나는 분석가가 나를 떠보는 것이라고밖에 볼 수 없었다.

나는 내가 아는 것들을 이야기했다. 정신분석의 끝이 어째서 양으로 결정될 수 없는지 설명했다. 내 머릿속에서 나오는 대로 말이다. 분석가는 마치 거대한 벽(mur)처럼 느껴졌다. 나는 그 벽 앞에서 말해야만 했다.

"저는 무의식이 무엇인지 알고 스스로 분석할 수 있어요."

이것이 내가 분석을 그만두기로 결심한 가장 큰 이유였다. 나는 분석가 없이도 나의 분석을 이어 갈 수 있다고 생각했다. 스스로 충분하다고 생각하는데, 그것을 계속할 필요가 무엇일까?

분명 초기 프로이트는 '꿈을 분석함'으로써 분석가가 될 수 있다고 말했으며, 후기 프로이트 역시 스스로 자기 분석을 할 수 있는 능력을 갖추면 분석가가 되는 것이라고 말했다. 라캉주의의 관점에서도 분석의 끝은 결국 분석 주체의 결정에 따라 이루어진다. 라캉은 "정신분석가의 권위는 스스로에게서 나온다(L'analyste ne s'autorise que de lui-même)."라고 말하지 않았던가? 나는 내가 아는 모든 것들을 그의 앞에서 이야기하려 노력했고 분석을 끝내고 싶다는 나의 의견을 굽히지 않았다.

그러자 그는 나를 분석실 바깥으로 내쫓았다. 또한 나는 그가 창립한 협회에 소속되어 있었는데 거기에서도 쫓겨났다. 그의 반응을 보고 나는 내가 큰 잘못을 저질렀다고 생각했다. 나는 그가 만든 협회에서 계속해서 공부하길 원했다. 내가 그만두길 원했던 것은 그와의 분석이었지 그와의 관계 전체가 아니었다. 그러나 나는 나의 말실수(lapsus)로 인해 그렇게 할 수 없었다. 나는 그로부터 퇴출당했고, 분석가로서의 모든 진로가 막히는 것 같았다. 나는 내가 잘못을 저질렀다고 생각했다. '떠오른 대로 모든 것을 말한 것이 나의 잘못'이었다. 나는 불안했고 다음날 그에게 '잘못했다'고 용서를 빌며 다시 분석을 시작하고 싶다고 문자를 보냈다. 그는 나의 메시지에 대답하지 않았다.

그 후로 나는 모든 일을 내 손으로 망쳤다고 자책하며 죽고 싶다는 생각에 사로잡혔다. 자살 충동이었다. 끝없이 밀려들어 오는 자살 충동으로부터 벗어날 수 있었던 방법은 난공불락처럼 보이는 거대한 권위의 앞에서 주눅 들지 않는 것이었다. '그가 옳다면 내가 잘못한 것이 되므로, 나는 죽어야 한다. 결국 내가 살기 위한 유일한 방법은 그가 틀렸다는 사실, 즉 내가 옳다는 사실을 증명하는 것이다.' 그러므로 나는 정신분석가가 되어야만 했다.

나는 살기 위해서 프랑스 파리에서 정신분석학으로 박사 학위를 받고 온 정신분석가의 권위, 한국 최초로 라캉주의 협회를 만든 분석가의 권위에 맞서야만 했다. 정신분석가가 되기 위해서 나는 나의 분석가와 싸우기로 결정했다. 나는 분석을 마치기를 스스로 욕망했으므로 이제부터 앞길은 자신의 손으로 개척해야 했다. 더 이상 그의 권위에 기대지 않으리라 다짐했다. 그가 얼마나 거대한 권위를 가지고 있건 간에, 나 스스로 분석가가 되길 원한다면 그의 권위에 맞설 수 있어야 한다. 이것이 나의 다짐이었다.

내 기억이 정확한지 모르겠지만, 나는 그에게 "당신의 뜻이 그렇다면 그것을 수용하겠지만 언젠가 정신분석의 장(champs psychanalytique)에서 다시 만나자."라고 메일을 보냈던 것으로 기억한다. 나는 내가 보낸 메일에 담긴 뜻을 나중에야 이해할 수 있었다. '당신이 나를 가르치려 하지 않는다고 해도, 나는 나의 욕망을 결코 포기하지 않을 것입니다. 당신이 나를 분석가로 만들어 주지 않는다면 나는 스스로 분석가가 될 것입니다. 나는 당신 앞에서 물러서지 않을 것이고 언젠가는 당신에게 도전할 것입니다.' 일종의 선전 포고였다.

내가 이렇게 메일을 보내기로 결정했던 이유는 "당신의 욕망을 포기하지 말라(ne pas ceder votre désir)."라는 라캉의 금언과 나의 정신적 변화에 있었다. 나는 그의 말이 아니라 라캉의 가르침을 따르기로 결정했다. 분석을 마치고 나서 한동안 나는 분석을 마치기를 희망했던 나의 말을 '실수'로 치부했다. 이러한 나의 태도는 분석을 마치기를 희망했던 욕망이 나의 욕망이라는 것을 의미한다. 나는 스스로 충분하다고 생각해서 분석을 마치고 싶었지만, 마지막 그 욕망을 분석가로부터 승인받지 못했다. 나는 나의 욕망이 분석가에게 승인되지 못했다는 사실에 붙잡혔으며, 나의 욕망을 포기하려는 태도를 취했다. 그러다 보니 나는 정신적으로 고통받게 되었다. 나는 라캉을 따라가기로 결정했다. 그러자 실제로 자살 충동이 사라지는 것을 경험했다. 나는 인간이 욕망을 포기하면 병에 걸린다는 사실을 경험으로 배웠다.

내가 이와 같은 결론을 내린 것과 별개로 그의 욕망은 여전히 수수께끼였다. 그는 내가 분석을 더 받도록 설득하지도 않았고, 추가적인 교육이 필요하니 협회에 소속되어 계속해서 공부하라고 말하지도 않았다. 그는 내가 분석을 그만두겠다고 하니 말리지 않았고, 내가 말하는 대로 하게 두었다.

그의 태도가 이상했다는 점은 나의 논문을 심사할 당시 그와 주고받았던 메일을 통해서도 증언할 수 있다. 나의 분석가는 내 논문의 심사 위원이었는데, 나의 석사 논문에서 분석가는 분석을 마치기를 희망하는 주체를 붙잡아야 한다는 주장을 펼쳤다. 분석가가 나를 붙잡지 않은 것이 기술적인 실수라고 생각했기 때문이었다. 그러자 그는 나에게 메일로 자신의 행위를 설명했다. 이유인즉 그는 나를 '도착증(perversion)'으로 진단했으며, 내가 도착적 전이의 양상을 보였기에 나를 붙잡지 않았다는 것이었다.

솔직히 말해서 나는 이 말이 너무 어처구니가 없었다. 첫 번째로, 나는 구조적으로 도착증이 진단될 수 있는 주체가 아니라는 생각 때문이었다. 두 번째로, 라캉은 심지어 '도착증자'라고 해서 분석을 할 수 없다고 말한 적이 없었기 때문이다. 나는 라캉 본인이 도착증자 역시 신경증자와 동일한 수준에서 분석할 수 있다고 말했던 것으로 알고 있다. 그런데도 왜 그는 나에게 그런 '잘못된 지식'들을 주었던 것일까?

이상했던 일은 또 있었다. 내 논문을 읽은 그는 '인용문'들을 잘 활용했다고 말해 주었다. 그는 내가 주로 참고한 콜레트 솔레(Colette Soler)의 책, 『무의식의 재발명(Inconscient réinventé)』을 자신도 읽어 보았다고 말해 주었다. 그러면서 그는 나의 논문이 논리적 분석이라기보다는 정치적 프로파간다에 가깝다고 평했다. 나는 이 평가에 동의했다.

솔레의 책은 실재적 무의식과 전이적 무의식의 관계를 후기 라캉의 관점에서 논하는 책이다. 아주 간단하게 요약하자면, 정신분석에서 진리라고 가정하며 찾아내는 것들은 환영(mirage)에 지나지 않으며 그 밑에는 실재적 무의식이라는 의미화 불가능한 공허(vide)가 있다는 것이다. 나는 그와의 분석이 끝난 이후 자기 분석을 통해 실재적 무의식을 분석해 낼 수 있었다. 이 경험은 생각보다 끔찍했다. 왜냐하면 내가 그간 추종했던 분석이 한낱 환영에 불과하다는 사실은 받아들여야 했기 때문이다. 이것은 나에게 감당하기 힘들 정도의 충격으로 다가왔다. 나는 당시 분석에 대한 욕망을 거의 상실할 지경이었다.

충격과 별개로 나는 나의 발견이 정신분석에서 매우 중요한 것이라는 생각을 했다. 운이 좋게도 나는 자료를 찾던 중 나보다 5년 정도 이르게 솔레가 이미 나의 발견과 유사한 내용을 주장하는 책을 출간했다는 사실을 알게 되었다. 이것이 그녀가 출간한 『무의식의 재발명』이다. 내가 볼 때 솔레가 그 책에서 말하는 내용은 나의 경험과 유사해 보였다. 나는 나의 석사 논문에서 솔레의 논의를 빌려, 프로이트의 무의식과 라캉의 무의식은 다르며, 프로이트의 무의식 이면에는 '아무것도 없다'는 사실을 주장했다. 물론 나는 여기서 이것을 '주장'하기만 했다. 나는 그 공백을 토대로 분석을 하거나, 그러한 개념을 바탕으로 '무엇을' 할 수 있는지는 제안하지 못했다. 즉 나는 실재적 무의식이라는 개념을 토대로 프로이트적 분석의 한계점을 라캉적 관점에서 비판했지만, 라캉적 관점에서 프로이트의 정신분석 이론을 재해석하는 작업은 시도하지 못했던 것이다. 내 분석가가 나의 논문을 정치적 프로파간다라고 말했던 이유는 이 때문이었다.

그런데 그는 이러한 평가와 더불어 나의 논문을 가리켜 '통과(passe)'라고 말했다. 전이적 무의식으로부터 실재적 무의식에 도달하는 과정이 통과다. 라캉 정신분석에서 통과는 분석 주체가 분석가가 되는 과정인데, 이는 정신분석가 양성에서 굉장히 중요한 단계다. 이것은 솔레의 책과 여러 논문을 읽은 나도 알고 있었다. 내가 알고 있었던 것과는 별개로 나는 '내가 정말로 알고 있는 것이 맞을까?'라는 의심에 사로잡혀 있었다. 이러한 상황에서 분석가의 말은 나에게 상당히 의미가 있었다. 그가 나의 경험을 통과라고 말한 것은 '내 생각이 맞다'고 말해 준 것과 같았다.

동시에 그는 나에게 이렇게 말했다. "당신이 그것을 주장한다고 한들 당신에게는 아무런 권위도 없습니다. 당신의 말에 누가 귀를 기울이기나 할까요?" 나에게 이 말이 마치 도발과 같았다. '당신이 중요한 것을 알고 있다고 한들 세상은 바뀌지 않을 것입니다. 그냥 그 자리에 가만히 그대로 계세요.' 만약 그의 말에 응해서 권위가 없다는 이유로 내 생각을 포기한다면 나는 분석가가 될 수 없다. 반대로 내가 분석가가 되길 원한다면 나에게 권위가 있건 없건 그의 말 따위는 신경 쓰지 않고, 내가 옳다고 생각하는 바를 밀어붙이며 나아가야 한다. 타자로부터 권위를 인정받지 못했다면 나 스스로 권위를 부여하면 된다. 나는 후자를 택했다.

나는 그가 결코 모른다고 생각할 수 없었다. 그는 나에게 '알고 있다고 가정된 주체(sujet supposé savoir)'였다. 나는 그를 사랑했고 존경했다. 그를 처음 보았을 때가 생각난다. 나는 첫 강의부터 그에게 완전히 매혹되었다. 한국의 분석가들이 실망스러운 행보를 보이고 있을 때, 그는 확실히 정통 라캉 정신분석에 가까운 것들을 이야기하고 있었다. 첫 만남부터 나는 그가 '알고 있다고' 인정할 수 있었다. 그는 내가 찾던 사람이었다. 그를 만나고 나서 흥분에 가득 차서 친구에게 연락했던 기억이 있다.

나에게 그는 진정한 정신분석가처럼 보였다. 그는 내가 되길 원했던 이상적인 모습을 체현하고 있었다. 그래서 나는 그에게 분석을 받고 싶었다. 그런데 막상 분석을 시작하자 상황이 달라졌다. 나에게 그는 마치 계속해서 다음과 같이 말하는 것 같았다. '나는 당신이 생각하는 것처럼 대단한 사람이 아닙니다.' 그는 끊임없이 프로이트와 라캉의 가르침에 어긋나는 말과 행동들을 보여 주었다. 나는 그가 나에게 보여 주었던 부족함과 한계들을 모르는 체하고 싶었다. 그렇지만 나는 그 한계점들을 모르는 체할 수 없었다. 그러한 태도를 유지하자니 우울증과 자살 충동이 심해졌기 때문이다. 타자의 결핍을 모르는 체하기 위해 그의 죄를 대신 뒤집어쓸 수는 없었다.

결과적으로 말하자면 나는 그를 떠났고 정신분석가가 되었다. 나는 누구에게도 의존하지 않고 분석가가 되어야만 했다. 또한 그를 떠난 것은 옳은 선택이었다. 그가 만든 협회는 그가 저지른 잘못으로 인해 해산되었다. 그는 분석가로서는 해서는 안 되는 일을 저질렀다. 이것은 그가 분석가답지 못했다는 것을 의미한다. 그를 추종하던 이들은 모두 뿔뿔이 흩어지게 되었다. 만약 내가 끝까지 그를 믿고 그의 곁에 머물기를 택했다면 나는 지금처럼 될 수 없었을 것이다. 그에 대한 믿음이 큰 상태에서 그의 몰락을 두 눈으로 지켜보는 것은 아마도 감당할 수 없을 정도의 큰 충격이었을 테니 말이다.

분명 나는 처음에 그에게 매혹되었다. 나는 그가 가진 지식에 이끌려 분석을 받게 되었다. 하지만 실제로 분석을 받기 시작하자 그가 내가 생각하는 것처럼 훌륭한 분석가가 아니라는 사실이 끊임없이 드러났다. 그의 말과 행동은 '쓰여 있는 텍스트'와 일치하지 않았다. 나는 그것을 부정하고 싶었다. 그래서 나는 그가 보여 주는 모든 결점을 의도된 것이라 해석했다. 그는 더없이 이상화(idéalisation)되었다. 그가 보여 주는 결점들이 그의 욕망이라 믿었고, 나를 시험하려고 일부러 그런 말과 행동하는 것이라고 생각했다.

그 시험은 말하기의 시험이었다. 나는 내 머릿속에 떠오르는 것들을 말해야만 했다. 그것이 그와 갈등을 일으킬 것이라 예상될지라도 말이다. 이러한 말하기는 나를 나의 진정한 욕망으로 데려갔다. 나는 나에 의해 해석된 그의 욕망을 따라 정신분석가가 되었다. 말하자면 나는 아무것도 아닌 사람을 이상화해서 선생의 자리에 올려 두었다. 실제로 그는 나에게 아무것도 가르치지 않았지만 그의 말과 행동 하나하나를 해석해 나가며 나는 그가 나를 가르치고 있다고 믿었다. 이것이 '전이(transfert)'가 아니고 무엇이겠는가?

전이를 통해 비친 이상화된 모습은 내가 원하는 '선생'의 모습이었을 뿐 분석가의 존재 자체는 아니었다. 그것은 내 욕망의 반영이며, 내가 사랑했던 것은 그의 존재가 아니라 내가 그에게 욕망을 투자해서 만들어 낸 이미지였다. 그러나 내 눈에 비친 그 이미지는 내가 정말로 욕망하는 것으로 나를 인도했다. 정신분석가, 그것이 내가 원하는 것이었다. '그가 나에게 원한다고 생각했던 것은, 좀 더 정확히 말해 내가 그의 욕망이라고 해석해 냈던 것은 사실 내가 원하는 것이었다.' 라캉이 말한 것처럼 인간의 욕망은 타자의 욕망(le désir de l'homme est le désir de l'Autre)이다.

이 사실을 인정하는 데 너무나 오랜 시간이 걸렸다. 그가 한계가 있는 인간에 불과하다는 것, 심지어 정신분석가가 되기에는 부적절한 사람일지도 모른다는 사실을 인정할 수 없도록 만든 것은 바로 그를 향한 전이였다. 나에게 그는 너무나 드높여진 존재였다. 그를 향한 전이는 분석을 착수하도록 만들었지만 그것이 분석을 끝날 수 없게 만들었다. 심지어 나는 그와의 관계가 끝난 이후에도 그를 향한 이상화에 사로잡혀 있었다.

Part 2

통과의 경험

　　나는 분석가와 관계를 끝내고 대학원에 입학했다. 첫 번째 이유는 나의 분석가가 대학원에 진학하길 권유했기 때문이고, 두 번째 이유는 나 역시 그에게 동의했기 때문이다. 적어도 나는 그가 시키는 대로 하는 사람은 아니었다. 내가 그의 말을 듣는 경우는 그의 말을 꼼꼼히 따져 보았을 때 그것이 나에게 이득이 된다는 결론에 도달했을 때였다. 그가 나에게 대학원 진학을 권할 때, 나는 그 대학원이 대상관계 지향의 학풍을 지닌 학교라는 점을 거론하며 그 대학원에 진학하기를 거부했다. 그러나 그는 그래도 한국에서 정신분석 관련 학위를 받을 수 있는 곳은 그곳밖에 없었다고 말했고, 그의 말은 충분히 일리가 있었다. 결국 나는 그 대학원에 진학하기로 결정했고, 그곳을 졸업한 후 개업할 계획이었다.

그러나 나는 대학원 생활에서 만족할 수 없었다. 그 대학원의 학풍은 나의 지향점과 전혀 맞지 않았다. 나는 좀 더 타이트하고 엄격한 교육을 원했다. 하지만 학생들은 수업 시간에 자유롭게 하고 싶은 말이라면 무엇이든 이야기하는 것처럼 보였다. 나는 그곳에서 마치 집단적인 정신분석이 이루어진다는 착각할 정도였다. 나는 이런 상황에 탐탁지 않았다. 왜냐하면 첫 번째로, 집단 정신분석은 날림으로 진행되는 야생 정신분석이라는 생각 때문이고, 두 번째로는, 결국 교육은 분석과 다르기 때문이다. 대학식 교육과 분석은 엄격히 다른 세팅으로 이루어져야 한다는 것이 나의 입장이었다.

한 가지 사실을 지적하자. 정신분석은 일대일 관계에서 이루어진다. 거기에는 주체와 분석가 사이의 대화를 듣는 제삼자는 존재하지 않는다. 제삼자는 가끔 대기실이라는 공간에 존재할 수는 있을지 몰라도, 본질적으로 분석실에는 주체와 분석가 둘뿐이다. 이것은 분석적 상황을 창립하는 조건 중 하나다. 자유 연상이라는 것은 이러한 조건에서 이루어질 수 있는 것인데, 과연 수많은 사람들이 존재하는 수업 시간에 진정으로 자유롭게 말하는 것이 가능할까? 그것은 불가능하다. 내가 볼 때 해당 대학원의 수업 방식은 분석의 세팅을 '흉내 내는 것'에 불과했다.

내가 보기에 그 대학원의 학풍 또한 진지하지 않았다. 학생들은 마치 공부하는 데는 별 관심이 없으며 노는 것과 유대에만 관심이 있는 것처럼 보였다. 실제로 매주 제출해야 하는 리포트를 아예 쓰지 못하는 학생도 많았다. 나 역시 종종 부족한 과제물을 제출했다. 이런 상황에서 나는 불성실하게 학업에 임한다면 '졸업'이 어려울 것이라고 타일러 줄 수 있는 교수가 필요하다고 느꼈다. 나는 학교가 원하는 수준에 도달하지 못하면 학생을 졸업시키지 않는 엄격한 교육을 원했다. 하지만 학생과 교수는 서로에게 누가 될까 봐 두려워하여 '싫은 소리'를 하는 것을 삼갔으며, 교수는 되도록 학생들이 쉽게 졸업할 수 있도록 지원했다.

거기에는 분명 좋은 관계들이 있었지만 내게는 허울뿐인 관계로 보였다. 공부를 위해 모인 사람들이건만 열심히 공부하지 않는 듯했다. 학생들은 하고 싶은 대로 할 수 있었지만, 나는 하고 싶은 대로 하기 위해서 대학원에 진학한 것이 아니었다. 나는 엄격한 방식으로 지도받기 위해 대학원에 진학했지만 거기에 그런 것은 없었다. 그 상황에서 불편함을 겪는 사람은 나밖에 없었다. 정신분석을 공부하는 사람들이 이러한 분위기에 문제의식을 느끼지 않는다는 사실에 놀라울 뿐이었다. '이것이 대상관계에서 말하는 '좋은 관계'인 것인가?' 하는 생각이 들었다. 나는 대학원에 적응할 수 없었고 누군가와 친해지기보다는 나 스스로에게 집중하기로 했다.

그러한 상황에서 내가 할 일은 나를 분석하는 것이었다. 나는 계속해서 자기 분석 작업을 이어 나갔다. 꿈을 꾸거나 말실수하면 그것들을 분석했다. 그때의 나는 그것들을 '의무감'에서 행했다. 자고 일어나서 꿈을 꾸었다는 사실을 알면 나는 낙심할 때도 있었다. 꿈을 꾸었다는 말은 '아직도 분석되지 않은 것'이 있다는 것을 의미하기 때문이다. 완전히 분석된다는 것은 모든 억압을 해소하고 무의식의 전부가 명명백백히 밝혀진 상태를 말한다. 당시의 나는 순진하게도 '완전한 분석'이 존재한다고 생각했다. 이것을 이상화된 분석이라고 말할 수도 있을 것이다. 일찍이 프로이트는 「끝낼 수 있는 분석과 끝낼 수 없는 분석」에서 이러한 이상화의 문제를 다룬 바 있다.

분석의 끝이 다른 의미는 훨씬 더 야심만만하다. 이런 의미에서는 분석을 계속하더라도 이젠 변화를 기대할 수 없을 정도로 환자에게 깊은 영향을 끼쳤는지 아닌지를 묻게 된다. 따라서 이것은, 혹시 만약 발생한 모든 억압을 분석으로 해소하고 기억의 빈틈을 모두 메우는 데 성공한다면 절대적인 정상성의 수준에 도달할ー게다가 그 수준을 안정되게 유지할 수 있는 능력까지 포함하여ー수 있느냐는 질문인 것이다. 우리는 먼저 경험을 되짚어봐서 그런 것이 일어나는지를 알아보아야 할 것이고 그다음에는 과연 그런 것이 가능하기나 한지를 이론적으로 고찰해야 할 것이다.[5]

나 역시 같은 종류의 분석의 끝이라는 개념에 사로잡혀 있었다.

---

5) 지그문트 프로이트, 이덕하 옮김, 「끝낼 수 있는 분석과 끝낼 수 없는 분석」, 『끝낼 수 있는 분석과 끝낼 수 없는 분석』, 도서출판 b, 2004, pp.324~325

당시의 내가 분석가를 이상화했듯, 나는 정신분석 자체를 이상화 하기도 했다. 정신분석과 분석가 모두 '타자의 장'에 속한다는 점에 서, 나에게는 리비도가 투자되는 대상을 한없이 이상화하는 것과는 반대로, 나 자신은 한없이 무능력하고 아무것도 아닌 존재로 바라 보는 특성이 있다고 할 수 있을 것이다. 흥미롭게도 나의 분석가는 나의 이러한 특성을 '병리적인 것'을 넘어서 '도착증적인 것'으로 진 단했다. 그런데 프로이트에 의하면 이것은 도착적인 것이 아니라 사 랑에 빠지는 것 그 자체다.

성적 과대평가와 사랑에 빠짐이 더욱 심해지면, 상황에 대한 해 석은 훨씬 명확해진다. 감정적 열정에 사로잡힌 젊은이의 경우에 흔히 일어나는 일이지만, 직접적인 성적 만족을 추구하는 경향을 가진 충동은 완전히 뒷전으로 밀려날 수 있다. 자아는 점점 겸손해 지고 수수해지며, 대상은 점점 고상하고 훌륭해져서, 마침내 자아 의 자기애를 완전히 점유하게 된다. 따라서 자아의 자기희생은 그 당연한 결과다. 말하자면 대상은 자아를 삼켜 버린다. 겸손함과 나 르시시즘의 제한, 자기 손상은 사랑에 빠진 사람에게 반드시 나타 나는 특징이다.[6]

---

[6] 지그문트 프로이트, 김석희 옮김, 「집단 심리학과 자아 분석」, 『문명 속의 불만』, 열린책 들, 2003, p.125

나는 나의 분석가 그리고 정신분석을 향한 지독한 사랑에 빠져 있었다. 너무나 깊은 사랑에 빠져 있어서 분석가와 정신분석은 더 없이 이상화되었다. 나는 분석을 받을 때는 나의 분석가를 위해 헌신했고 분석이 끝나고 나서는 정신분석에 헌신했다. 혹자는 정신분석은 사람도 아닌데 사랑의 대상으로 설정하고 헌신할 수 있는지 의문을 가질 수 있을 것이다. 그런데 이것은 실제로 일어나는 일이다. 우리의 주변을 둘러보면 간혹 '추상적인 대의'를 위해 헌신하는 사람들을 볼 수 있다. 민주주의나 정치, 종교 혹은 국가 같은 것들을 위해서 말이다.

대상에 대한 자아의 〈헌신〉은 이제 더 이상 추상 관념에 대한 승화된 헌신과 구별되지 않는다. 이 헌신과 동시에, 자아 이상에 할당된 기능은 완전히 작동을 멈춘다. 자아 이상이 행사하는 비판 기능은 침묵하고, 대상이 하는 일이나 요구하는 것은 모두 다 옳고 흠잡을 데 없는 것이 된다. 사랑의 대상을 위해서라면 무슨 짓이든 할 수 있고, 거기에는 양심이 전혀 적용되지 않는다. 사랑에 눈이 먼 사람은 양심의 가책을 느끼지 않기 때문에 범죄까지도 태연히 저지른다. 이 모든 상황은 '대상이 자아 이상을 대신했다.'라는 말로 완벽하게 요약할 수 있다.[7]

---

7) 같은 책, 같은 쪽.

사랑에 빠진 주체는 현실 검증 능력을 잃어버린다. 대상은 이상으로서 더없이 드높여지고 주체는 수수해진다. 내가 경험한 바에 따르면 이러한 사랑에 빠짐은 고통을 유발한다. 사랑에 빠질수록 나는 '부족한 사람'인 것처럼 보이게 되기 때문이다. 그리하여 그 결핍을 극복하고 이상에 도달하고 싶어 한다. 내가 꿈, 말실수, 농담 그리고 증상과 같은 무의식의 형성물(formation de l'inconscient)들과 대면할 때 불쾌함을 느꼈던 것은, 내가 그러한 '이상화된 상태'에 도달하지 못했기 때문이다. 그리고 이 불쾌함은 생각보다 고통스러웠다.

지금 문제가 되는 것은 '이상'이다. 이것은 내가 추구하는 이상이자 내가 되고 싶어 하는 이상이다. 앞서 보았듯 이러한 이상을 정신분석에서는 '자아 이상(Idéal du moi)'이라고 부른다. 「끝이 있는 분석과 끝이 없는 분석」의 인용문에서 프로이트가 '절대적인 정상성의 수준'이라 말한 것이 그것이다. 이상을 추구하던 나는 그 이상에 도달하고 싶어 했으며 그 이상에 도달하지 못했다는 사실로 인해서 괴로워했다. 내가 정신분석을 했던 이유는 이상에 도달하는 것, 말하자면 이상과 합일이 되는 것을 희망했기 때문이다.

정신분석은 사랑에 빠지는 것과 함께 시작한다. 그런데 그 전이는 언젠가는 해소되어야 한다. 정신분석의 핵심 과정에는 그러한 이상화로 인해 볼 수 없게 된 타자의 결핍을 마주하는 과정이 포함되어 있다. 이것은 주체가 현실을 직시하는 것과 연결된다. 왜냐하면 애초에 이상은 존재하지 않았기 때문이다. 그러나 존재하지 않는 것,

불가능한 것을 추구했던 나는 미완된 분석의 요소들이 나타날 때마다 고통받았다. 무의식의 형성물들이 나타날 때마다 분석을 그만두고 싶다는 생각에까지 사로잡혔다. 하지만 나는 분석을 멈추지 않았다. 나는 그것을 '의무(devoir)'라고 생각했다. 분석가라면 자기 분석을 '해야만' 한다. 나는 분석의 과정을 즐기지 못했고 원치 않는 일을 억지로 하는 사람처럼 행동했다. 이것이 나의 한계였다.

그러던 어느 날 증상을 분석하던 중 나의 머릿속에 어떤 생각이 스쳐 지나갔다. 갑자기 나는 '내가 분석하는 것과, 내가 분석하면서 알게 된 모든 것은 프로이트가 그렇게 말했기 때문에 가능한 것들이 아닌가?'라고 생각하게 되었던 것이다. 이 과정을 풀어서 설명해 보겠다. 먼저 애초에 무의식은 눈에 보이지 않는다는 사실을 지적하고자 한다. 그러므로 사람 중에는 무의식의 존재 자체를 눈치채지 못하고 살아가는 이들도 있다. 그들은 꿈이나 말실수에 아무런 의미도 없다고 간주한다. 사실 우리 역시 처음부터 무의식의 존재를 가정할 수 있었던 것은 아니다. 이런 상황에서 분석이 가능하기 위해서는 무의식이 존재한다고 가정(supposition)하는 절차가 필요하다. 무의식과 관련된 진리는 무의식을 가정한 후 연상을 이어 갈 때 밝혀진다.

내가 의문을 지니는 대목은 바로 이러한 무의식에 대한 가정이다. 내가 무의식을 가정할 수 있는 것은 프로이트 때문이다. 프로이트가 무의식이 존재한다고 말했기 때문에, 나는 그의 말을 믿고 무의식을 분석하는 것이다. 정신분석적인 관점에서 무의식을 연구하기 위해서는 프로이트를 향한 신뢰가 존재해야 하는데 신뢰는 전이를 통해 형성된다. 전이를 통해 형성되는 무의식, 이것이 바로 내가 앞서서 말했던 전이적 무의식이다.

반대로 말하자면 만약 프로이트를 신뢰하지 않는 사람이라면, 즉 프로이트에게 전이를 일으키지 않는 사람이라면 무의식의 존재 자체를 부정하거나 모를 수도 있다. 이 말은 상당히 의미심장하다. 정신분석이라는 것 자체가 어쩌면 프로이트가 만들어 낸 시나리오이자, 가상적인 건축물일 수도 있다는 것을 의미한다. 무의식은 그곳에 존재하는 것이 아니라 우리가 존재한다고 믿기 때문에 존재하는 것이다. 이렇게 말할 수 있다. 전이가 곧 사랑에 빠짐이라면, 무의식을 가정하는 것은 곧 프로이트를 향해서 사랑에 빠지는 것과 같다. 우리가 무의식이 존재할 수 있다고 생각할 수 있는 것은 프로이트의 영향 때문이다. 내가 정신분석을 했던 이유는 내가 프로이트를 사랑했기 때문이다. 나는 그를 사랑했기 때문에 그의 말이 진실이라도 '믿었다.'

이 사실을 분석해 내었을 때 나는 충격에 휩싸였다. 충격이란 말도 부족하다. 나는 거의 외상적인 공포에 시달렸다. 가슴이 옥죄여서 숨을 쉴 수조차 없었다. 내가 지금까지 철석같이 믿고 있었던 정신분석과, 직접 정신분석을 받으면서 알게 된 진리들이 모두 '환영(mirage)'이라는 말과 같았기 때문이다. 나는 그 환영 너머에서 텅

빈 구렁을 볼 수 있었다. 그곳에는 끝 모를 블랙홀 같은 것이 존재했고 나는 그것에 빨려 들어갈 것만 같은 두려움을 느꼈다.

이 경험은 프로이트가 Hilflosigkeit라는 단어로 표현한 유아의 무력 상태와 다름이 없다. 실제로 이후 나는 분석에 대한 거의 모든 열망을 상실했다. 지금이야 이 사실을 받아들일 수 있게 되었지만, 그 당시에는 '더 이상 분석을 해서 무엇을 할까?'라는 생각에 사로잡혀 있었다. '프로이트적 무의식'은 진짜(réel)가 아니다. 진짜 무의식은 프로이트적 무의식을 넘어서 도달하게 되는 그 구멍이다. 라캉은 이 구멍을 실재(réel)라고 불렀다. 진짜 무의식은 실재적 무의식이라고 불린다. 실재로서의 무의식은 우리가 개념화할 수도 없고 파악할 수 없는 것이다. 프로이트의 이론은 우리가 그것을 파악할 수 있게끔 '언어(langage)'를 사용해 분절해 놓은 것이다.

내가 분석의 환영적 진리와 대면했을 때 받았던 충격은 실재와 대면했을 때의 불안이라고 할 수 있다. 앞서 나는 나의 성 충동을 인식했을 때 충격을 받았다고 이야기했다. 내가 왜 이것을 원하는지 결코 나의 말로는 설명할 수 없었기 때문이다. 충동은 나의 내부에 존재하지만 언어화할 수 없는 것으로서 실재의 범주에 속한다. 충동은 상징적인 것 내부에 존재하는 실재의 한 조각이다. 나는 실재의 조각과 대면한 후 증상에 시달렸고 그 고통으로부터 벗어나기 위해서 정신분석을 받기 시작했다. 프로이트와 그가 창시한 정신분석에 증상을 해결할 실마리가 존재한다고 생각했던 것이다. 실재와의 조우는 전이를 일으키게 만드는 원인이 되었고, 프로이트가 가진 지식에 대한 사랑과 그 사랑에 의거한 작업을 통해 나는 실재를 언어화하는 작업을 했다.

이 작업은 분명히 효과가 있었다. 나에게 그것은 분명 탁월한 효과를 발휘했다. 그렇다면 분석적 작업은 실재의 구멍을 메우기 위해, 지식에 대한 사랑에 기반을 둔 환영적 건축물을 만들어 내는 과정 아닌가? 그것은 상상적인 것과 상징적인 것이 결합된 '허울(semblant)'인 것은 아닌가? 이상한 것은, 분석이 진행될수록 나는 점차 실재에 가까워졌다는 점이다. 좀 더 정확히 말하자면, 나는 내가 실재에 근접해 가고 있다는 사실을 알지 못했다. 분명 시작점에서 나는 완전한 언어화, 이상적 언어화에 대한 꿈을 꾸며 분석 작업에 착수했지만, 그 작업은 오히려 나를 실재의 중심부로 데려갔다.

이것은 또 다른 사실을 알려 준다. 분석은 단순히 실재를 상징화하는 과정이 아니다. 분명 분석 작업은 실재를 상징화하는 것이지만 그뿐만 아니라, 그와 동시에 분석은 주체가 실재에 접근하지 못하도록 막는 장벽들을 '해소'하는 작업이기도 하다. 이 장벽은 프로이트가 「쾌락 원칙을 넘어서」에서 자극 보호대라고 말할 만한 것이라 할 수 있다.[8] 프로이트에 따르면 인간의 정신엔 자극 보호대라는 것이 있어서 외부에서 오는 정신적 충격을 완화해 준다. 그런데

---

8) 지그문트 프로이트, 윤희기·박찬부 옮김, 「쾌락 원칙을 넘어서」, 『정신분석학의 근본 개념』, 열린책들, 2003, pp.296~297. 열린책들의 한국어 번역 판본에서는 '보호적 방패'라고 번역되어 있다.

그 자극 보호대가 감당할 수 없는 충격이 발생하면 외상(trauma)이 발생한다.[9] 여기서 우리는 다음과 같이 생각할 수 있다. 자극 보호대는 충격으로부터 우리를 보호해 주지만, 동시에 외상을 만들어 내는 것 아닌가?[10] 자극 보호대라는 것 자체가 없다면, 우리는 외부에서 가해지는 충격을 '충격'으로 감각하지 않을 수 있는가?

그렇기에 나는 계속된 분석 작업 끝의 실재에 도달했으며, 거기에서 커다란 구멍과 대면하고서 그것을 언어화할 수 없는 외상을 경험했다. 이것은 구멍-외상(trou-ma)이라고 할 수 있을 만한 것이었다. 프랑스어로 구멍은 trou라고 한다. 실재와 마주한 순간, 나는 완전한 이상의 실추를 경험했다. 내가 바라보았던 정신분석은 이상이다. 그런데 이상은 존재하지 않는다. 이 말은 정신분석을 향한 사랑이, 전이가 해소되었음을 의미한다. 그렇다면 나는 무엇을 해야 하는가? 알 수 없었다. 하지만 나는 내가 무엇인가 중요한 발견을 했다는 것만큼은 확실히 알고 있었다. 나는 이 경험을 언어화하고 싶었기 때문에 그것을 석사 논문으로 제출했다. 나의 분석가가 통과라고 지적했던 것은 바로 내가 이 실재적 무의식과 마주하게 된 경험을 말한다.

정신분석은 허구였다. 이와 같은 깨달음 속에서 나는 혼란에 빠졌다. 정신분석가는 무엇을 해야 하는가? 정신분석가는 어떻게 해

---

9) 같은 책, p.299
10) 같은 책, pp.301~302

석해야 하는가? 나는 도저히 아무것도 알 수 없었다. 나는 모든 것을 잃어버렸다고 느꼈다. 내 모든 지식과 경험이 물거품이 되는 것 같았다. 그럼에도 불구하고 나는 졸업 후 개업을 시도했다. 당연히 캐비닛은 잘 운영되지 않았다. 내가 개업을 강행했던 이유는 정신분석을 포기하고 싶지는 않았기 때문이다. 나는 이미 프랑스의 라캉주의가 '실재적 무의식'을 중심에 두고 이론화를 진행하고 있다는 사실을 알고 있었다. 내가 모르는 것이지 불가능한 것이 아니다. 내가 모르는 것이라면 알아내면 된다는 생각이었다. 그렇다면 프랑스로 유학을 가야 할까? 그렇게도 하고 싶지 않았다. 나는 외국에서 유학을 마치고 돌아온 권위자들이 정신분석학계의 지도자가 되는 현 상황에 질려 있었다. 왜 우리 스스로는 분석가를 양성할 수 없는 것일까? 정신분석은 꼭 그렇게 수입되어야만 하는 것일까? 나는 외국에 나가지 않고도 분석가가 되길 원하는 이들의 본보기가 되고 싶었다.

흥미로운 사실은 이러한 외상적 충격이 나를 죽게 할 정도로 고통스럽지는 않았다는 점이다. 심리적 고통은 사람을 죽이지 않는다. 오히려 그 고통으로부터 회피하려는 성향이 죽음 충동을 만족시킨다. 내가 할 일은 정해져 있었다. 나는 그 고통을 해소하는 법을 알고 있었다. 정신분석은 심리적 고통을 완화하는 데 탁월한 도움이 된다. 나는 직접적인 경험을 통해 이 사실을 알고 있었다. 나는 자기 분석을 재개했다. 동시에 프로이트 전집을 연구하기 시작했다. 모든 것을 잃어버렸다면 처음부터 다시 시작하면 된다는 생각이었다.

이 경험은 마치 내가 처음 분석을 받기 시작할 때와 유사했다. 하지만 완전히 동일하다고는 할 수 없다. 그때 나는 분석가를 향한 전이로 작업을 하기 시작했다면, 졸업 이후에는 나 스스로 작업을 시작했다. 구체적인 한 인물에 대한 전이 없이 나는 고독 속에서 다시 분석 작업을 시작했던 것이다. 회고해 보자면, 이때가 바로 내가 정신분석가로서의 태도를 거의 갖추기 시작한 순간이라고 할 수 있다. '거의'라고 말한 이유는 아직 분석되지 않은 한 조각의 증상이 남아 있었기 때문이다. 이때 나는 의식적으로는 이제 막 배우기 시작한 분석가 지망생으로서, 좀 더 제대로 분석가가 되고자 하는 욕망을 가지고 작업을 재개했다고 생각했다. 하지만 나는 '무의식적'으로는 이미 정신분석가의 자리에 근접했다.

Part 3

정신분석가의 전복적 욕망

그의 말대로 나의 경험이 라캉이 말한 '통과'일까? 그렇다면 여기서 문제는 한층 복잡해진다. 통과란 무엇인가? 라캉에게 통과는 분석 주체가 정신분석가로 이행하는 과정을 의미한다. 통과는 인증의 절차가 아니라 어떤 종류의 경험을 의미한다. 분석 주체가 분석가가 되기 위해서는 이 경험을 증언할 수 있어야 한다. 내 분석가의 말이 옳다면 나는 논문을 작성할 당시 정신분석가가 되기에 충분한 경험을 했다고 볼 수 있다. 나는 누구로부터 인준을 받음으로써가 아니라 경험을 통해 정신분석가가 되었다.

여기가 바로 문제가 복잡해지는 곳이다. 그는 내가 정신분석가가 되었다는 사실을 알고 있음에도 불구하고, 그것을 축하해 주기는커녕 오히려 질투심에 가득 찬 듯한 말을 했다. 나는 그가 설립한 단체에 소속되어 추가적인 연구를 이어 가고 싶었지만, 그는 이것을 허락하지 않았다. 오히려 그는 나에게 '당신은 아무런 권위도 가지지 못했으며 아무도 당신의 말에 귀를 기울이지 않을 것'이라고 말했다. 그는 나에게 '당신은 통과했지만 나는 당신을 인정하지 않을 것'이라고 말하려는 것이었을까?

라캉 정신분석에서 통과는 상당히 중요한 과정이다. 라캉의 학교에는 세 가지 등급의 정신분석가가 존재한다. 첫 번째로는 정신분석 임상가(Analyste Praticien), 두 번째로는 학교의 회원 분석가(Analyste Membre de l'École), 마지막으로는 학교의 분석가(Analyste de l'École)가 존재한다. 학교의 회원 분석가(A.M.E)가 학교에서 가르치는 내용들을 충분히 배움으로써 분석가가 된 이들을 말한다면, 학교의 분석가(A.E)는 '정신분석의 끝'에 도달함으로써 분석가가 된 이들을 말한다. 즉 학교의 회원 분석가는 학교에서 가르치는 교육 과정을 거침으로써 분석가가 된 이들을 말하며, 학교의 분석가는 경험을 통해서 분석가가 된 이들을 말한다. 정신분석 임상가(A.P)는 교육과 경험 모두 끝까지 마치지 못하고서 자신이 분석가라고 주장하는 이들을 말한다. 세 종류의 분석가 중 학교에서 분석가로서의 능력을 보증하는 것은 학교의 회원 분석가와 학교의 분석가 둘뿐이다.

라캉은 이들 중 학교의 분석가를 가장 핵심적인 위치에 두었다. 라캉에 따르면 학교의 분석가는 정신분석의 핵심적 문제를 다룰 수 있는 이들이며 학교에서 중요한 일을 맡게 된다. 이는 라캉이 학교에서의 교육보다도 분석을 끝까지 마치는 것을 더 중요하게 보았다는 사실을 의미한다. 그런 만큼 통과는 현대 라캉주의에서도 매우 중요하게 다루는 주제이다. 통과는 정신분석의 발전에 핵심적 기여를 할 수 있는 인물들을 '선별'하는 과정이라고도 할 수 있는데, 학교는 통과를 거친 분석가의 능력과 경험을 보증한다.

학교는 분석 경험의 끝에 도달한 이를 인정해 주어야 한다. 이것이 학교의 기능이다. 나는 라캉 연구를 통해 박사 학위를 받았던 그가 이 사실을 모를 리 없다고 생각한다. 그렇다면 마지막의 저주 섞인 그 말은 그가 자신이 설립한 협회를 통해서는 나를 '인정'하지 않을 것이라고 말했던 것 아닐까?

이러한 추론은 그와 분석을 종결할 때의 경험을 통해서도 뒷받침된다. 내가 그와의 분석을 끝낼 당시, 그는 나를 '말리지 않았다.' 분석가가 되길 바라는 주체가 '조기에' 분석을 종료하려고 한다면 분석가의 입장에서는 여러 방식의 개입을 할 수 있다. 먼저 분석 주체를 설득해서 분석을 더 받게 만들 수 있다. 분석가의 설득에도 분석 주체가 분석을 종결하길 원한다면 학교에 남아서 추가적인 교육(이론 교육과 슈퍼비전)을 받도록 유도할 수 있다. 아니면 마지막으로 주체의 분석이 정말로 종결되었는지 확인하는 절차를 거치고 그를 정신분석가로 인정할 수도 있다. 하지만 그는 이 모든 방법을 거부하고 나를 협회에서 쫓아내는 방식을 선택했다.

이것은 그가 자신의 협회에 '분석을 마친' 주체가 있기를 바라지 않았다는 것을 의미한다. 왜 그랬던 것일까? 나는 여기서 그가 정신분석을 끝까지 마치지 못했으며, 어떤 차원에서는 나를 파괴하고 질투했을지도 모른다는 가설을 제기하고자 한다. 만약 나의 가설이 사실이 아니라고 할지라도, 그가 라캉 정신분석에 대해 잘못된 이해를 하고 있음은 명백해 보인다. 라캉적 관점에서 정신분석가의 양성은 '원함(vouloir)'을 굉장히 중시하기 때문이다. 어떤 주체가 정신분석가가 되기를 원하는가? 그렇다면 그는 정신분석가다. 라캉의 학교에서 정신분석 임상가(A.P)들을 학교의 회원으로 인정하는 까닭은 바로 이 때문이다. 라캉의 학교는 분석가가 되기를 원하는 모든 이들을 분석가로서 인정하지만, 여기에는 학교에 소속되어 추가적인 교육을 받아야만 한다는 의무 조항이 붙는다.

이는 충분한 훈련을 받지 못했지만 분석가임을 자처하는 야생 분석가들을 회원으로 받아들여 보충 교육을 제공하려고 했었던 프로이트의 욕망을 이어받은 것이라고 할 수 있다. 그러나 그는 나를 정신분석 임상가(A.P)로서도 인정하지 않았다. 나의 논문을 심사한 그는 나의 경험이 통과라고 말하면서도 나에게는 아무런 권위도 없다고 말했다. 그는 프로이트적이지도, 라캉적이지도 않았던 것은 아닐까?

나는 이 대목에서 정신분석에서 말하는 부정(négation)에 대해 생각해 보지 않을 수 없었다. 프로이트에 따르면 인간 주체는 견딜 수 없는 표상과 마주할 때 그 불쾌감을 해소하기 위해 그것을 부정하는 태도를 보인다. 그중 하나가 바로 억압(refoulement)이다. 억압이란 정신적으로 이미 인식한 것을 마치 존재하지 않는 것처럼 대하는 태도를 일컫는다. 예를 들어 신경증자는 자신의 정신에서 양립 불가능한 성 충동을 대면하면 그것을 곧바로 의식 저편으로 밀어 넣어 버린다. 그는 마치 나를 억압하려는 듯한 태도를 보인 것이 아닐까? 그는 내가 분석을 끝내고 싶다고 말했을 때, 마치 기다렸다는 듯이 나를 쫓아냈고, 내가 통과했음을 인정했지만 뒤이어 나에겐 권위가 없다고 말했기 때문이다.

물론 나는 그의 말처럼 실제로 권위를 가지고 있지 못했다. 내가 분석 경험을 통해 분석가가 되었다고 한들, 나에게는 학위도 자격증도 없었다. 나는 누구로부터도 정신분석가로서 인정받지 못했다. 유학파와 박사 학위 소지자가 넘쳐 나는 정신분석학계에서 과연 내가 살아남을 수 있을까? 걱정이 되었던 것도 사실이다. 그의 말은 분명 현실을 대변한다. 그러나 나는 물러서고 싶지 않았다. 이 상황을 타개할 방법은 두 가지였다. 첫 번째로, '내가 나 스스로에게 정신분석가로서의 권위를 부여하는 것'이었다. 누구도 나를 정신분석가라 부르지 않는다면, 내가 나를 정신분석가로 부르기로 결정했던 것이다. 그리고 두 번째로, 그 결정에 책임을 지기 위해 정신분석가로서 살아남을 수 있는 방법을 찾아내야 했다.

어쩌면 그의 부정은 나의 무의식적 욕망의 회귀를 위한 마지막 퍼즐이었다고도 생각해 볼 수 있을 것이다. 그가 강력하게 나를 부정하려고 했기 때문에, 나에게 존재하던 분석가의 욕망은 마치 억압된 무의식처럼 되돌아온 것은 아닐까? 이 때문에 한동안 나는 분석의 끝이 분석가와 주체의 결별로 마무리되어야 한다고 생각한 적이 있었다. 보통의 환자와 분석가 사이의 관계라고 한다면 결별로 마무리되는 것이 타당하다. 그러나 만약 그 환자가 분석의 끝에 분석가가 되길 희망한다면 어떨까?

만약 모든 분석이 분석가와 주체의 이별로 끝난다면 분석가와 분석가 지망생이 같은 학교에 소속되어 작업하는 일이 불가능하게 된다. 그러나 프로이트에 따르면 분석가 지망생의 개인 분석은 분석가 단체에 소속되어 더 깊이 있는 교육을 이어 나가기 위한 '시험 절차'라고 할 수 있다. 실제로 오늘날에도 많은 분석가가 자신을 분석해 준 사람과 한 단체에 속해 있다. 마찬가지로 라캉은 학교가 통과한 주체를 분석가로서 보증할 수 있다고 말했다. 이 점을 고려해 본다면 분석의 마지막은 질투와 협박으로 끝나는 것은 아니라고 할 수 있다. 분석의 끝은 축하와 인증으로 이루어질 수도 있을 것이다.

다시 돌아가자. 내가 이처럼 강한 태도를 밀어붙였던 이유는 한국 정신분석학계에 대해서 문제의식을 느끼고 있었기 때문이다. 아주 오래전부터 한국의 정신분석은 유학파들에게 의존해 오고는 했다. 해외에서 유학을 마친 이들이 학문을 수입해 오고 한국의 학생들은 그것을 배운다. 이러한 방식은 학문을 수입해 오는 것이라 할 수 있는데 여기에는 여러 가지 문제가 있다. 가장 대표적으로는 사대주의에 물들어서 우리 스스로 학문을 하기보다는 서양의 것을 배우기에 급급하다는 점이다. 이것은 학문의 자생적 발전을 불가능하게 만든다. 이러한 문제의식은 오래전부터 꾸준히 제기되어 왔던 것임에도 불구하고, 그것과는 별개로 한국의 정신분석학계에 속한 어느 사람도 그러한 상황을 바꾸기 위해서 행동하지 않았다.

학문의 자생적 발전이란 무엇일까? 이를테면 '한국식' 정신분석이란 서구에서 발명한 정신분석의 전통을 무시하고 우리만의 독자적인 이론을 만들어 내는 것일까? 내가 말하고자 하는 바는 이것이 아니다. 학문이 자생적으로 발전하기 위해서는 먼저 서구에서 발전한 이론과 방법론을 잘 학습해야 한다. 그리고 그 이론과 방법론을 우리나라의 상황에 적용하여 우리 스스로 새로운 지식을 만들어 내야만 한다.

정신분석을 통해서 설명하자면 다음과 같다. 한국에서 정신분석이 자생적으로 발전하기 위해서는 프로이트가 정신분석을 발명했던 것과 동일한 절차가 한국에서도 일어나야 한다. 그 이유는 무엇일까? 프로이트가 정신분석학의 창시자이며 무의식에 접근하는 방법론을 만들어 낸 최초의 인물이기 때문이다. 한국에서 정신분석이 발전하기 위해서는 프로이트가 히스테리 환자를 만났던 방식과 동일한 관점과 태도를 갖추고서 분석에 접근하는 '한국' 사람이 필요하다. 즉 한국에도 프로이트처럼 생각하고 말하며 행동하는 사람이 필요하다는 것이다.

중요한 것은 프로이트의 이론을 외우는 것이 아니라 정말로 프로이트처럼 실천하는 것이다. 여기에는 매우 중요한 조건이 있다. 사대주의에서는 지식이 선생에서 학생에게로 전수되어야 한다는 입장을 취한다. 그런데 프로이트는 다른 누구로부터 배워서 정신분석을 발명하지 않았다. 그는 환자를 받고 자기 자신을 연구하면서 알게 된 결과물들을 자신의 친구인 빌헬름 플리스와 공유하면서 정신분석을 만들어 내었다. 프로이트의 태도는 사대주의를 넘어서 있다.

학문이 자생적으로 발전하기 위해서는 프로이트와 같은 인물이 필요하다. 논리적으로 다른 사람으로부터 지식을 전수받아서 분석가가 된다는 것은 학문의 자생적 발전과는 어울리지 않는다. 한국에서 정신분석이 발전하기 위해서는 어느 사람으로부터 가르침을 받지 않은 채 스스로의 경험을 통해 정신분석을 만들어 내는 누군가가 필요하다. 그리고 이렇게 만들어 낸 정신분석은 프로이트의 그것과 다르지 않아야 한다. 나는 이러한 작업에 도전하고 싶었다. 그리고 이러한 태도를 갖추는 것은 어렵지만 불가능한 일은 아니라고 생각했다. 프로이트가 저술을 남겨 놓았기에 그것들을 철저하게 연구하는 것으로 프로이트와 같은 태도를 갖추는 것이 가능하다고 생각했다.

내 경험에 의하면 한국 특유의 권위주의가 학문의 자생적 발전을 막아 온 것 같다. 한국의 권위주의는 자생적으로 돋아나는 학문의 새싹을 혐오할 뿐만 아니라, 그것을 밟아 제거하기를 원하는 듯하다. 한국의 분위기는 스스로 하고자 하는 욕망을 가진 이들을 응원하고 축복하기는커녕 제대로 배우지 못했다고 비난하며 주류 문화에 어울리지 못하는 아웃사이더로 취급한다. 이것은 내가 실제로 경험했던 일이기도 하다. 사람들 역시 해외 학위나 자격증과 같은 권위가 없다면 아무리 특정한 주체가 분석가로서의 태도를 갖추고 있다고 하더라도, 그는 분석가가 아니라고 생각한다. 한국의 학생들은 해외 학위나 자격증을 지닌 자들이야말로 진정한 분석가라고 생각하며 그들처럼 되기 위해 그들로부터 분석을 받고 수업을 듣는다.

나는 이런 상황에서 불편함을 느꼈다. 많은 이들이 사대주의와 권위주의를 타파하자고 주장하지만, 그들의 실제 행동은 권위를 맹종하고 있었기 때문이다. 왜 문제가 있다고 말하면서도, 어째서 아무도 실제로 그 문제 상황을 개선하려고 움직이지 않는 것인가? 나는 오랫동안 그런 사람이 나타나길 기다렸지만 아무리 기다려도 소식이 없었다. 나는 더 이상 기다릴 수 없었다. 결국 아무도 하려는 사람이 없는 것 같다는 생각이 들었기에, 나는 내가 직접 하기로 했다. 나는 다른 이들의 모델이 되기로 했다. 나는 정신분석에서만이라도 기성의 권위를 극복하는 실천이 가능하다는 것을 보여 주고 싶었다. 나는 정신분석적 원칙에 어긋나지 않으면서도, 즉 프로이트의 가르침을 철저히 따르면서도 '독립적'으로 정신분석을 만들어 내고자 했다.

프로이트는 어느 누구도 '임명'하지 않았다. 그는 자신의 가까운 사람들에게 반지를 나눠 주었을 뿐, 어떤 종류의 커리큘럼을 요구하고 졸업한 사람들만을 동료라고 인정하지 않았다. 그는 분석가가 되길 바라는 이들은 모두 받아 주었다. 대신 그는 자신의 학설을 충실히 따를 것을 요구했다. '원한다면 하라. 대신 열심히 공부하라.'가 프로이트가 학생들에게 요구했던 바였다.

프로이트에게 분석가는 두 가지 요건으로 정의된다. 첫 번째는 원함이다. 정신분석가가 되기 위해서는 정신분석을 원해야 한다. 두 번째 조건은 프로이트의 학설을 충실히 연구하는 것이다. 내가 볼 때 한국의 정신분석가들에게는 두 번째 조건이 빠져 있었다. 적지 않은 사람들이 정신분석가가 되길 원하지만, 이들은 프로이트의 가르침에 충실하지 않았다. 대신 이들은 자신들의 학교에서 가르치는 한 개인으로서의 교수나 분석가에게 충성했다. 프로이트는 자신에게 충성할 것을 요구하지 않았다. 특히 프로이트는 학생들이 자신을 맹목적으로 추종하는 상황이 '과학의 발전'에 도움이 되지 않는다면서 난색을 표했다. 프로이트는 학생들이 프로이트라는 개인이 아닌 정신분석의 학설에 충실하길 요구했다.

정신분석 역사상 많은 사람들은 프로이트의 이러한 태도를 지나치게 억압적인 것이라 비판했다. 그런데 이것이 정말로 억압적일까?

사실 생각해 보면 프로이트가 요구한 것은 매우 당연한 조건이다. 왜냐하면 프로이트가 최초의 정신분석가이기 때문이다. 프로이트는 정신분석가가 되는 법을 아는 사람이다. 그는 모든 정신분석가의 선생이라고 할 수 있는 위치에 있다. 라캉의 말을 빌리자면 정신분석에서 유일하게 알고 있다고 가정된 주체는 프로이트뿐이다. 정신분석가가 되기 위해서는 정신분석의 아버지로서 프로이트의 권위를 존중해야 하고 잘 배워야 하는 것 아닐까?

그러나 이러한 태도를 갖추는 것은 쉬운 일이 아니다. 왜냐하면 대부분, 아니 모든 주체는 '권위'에 대해 갈등을 겪기 때문이다. 이 갈등은 주체가 제대로 배울 수 없도록 만든다. 어떤 주체가 권위적 타자의 말을 따르는 것에 참을 수 없는 치욕을 느낀다고 해 보자. 그러한 주체는 결코 프로이트의 학설을 받아들일 수 없다. 프로이트의 학설을 수용할 때 그는 마치 그의 수동적 대상(노예)이 된 것 같다고 여기면서 그 상황을 치욕스럽게 생각한다. 그는 정신분석가가 되고 싶다고 말하지만 그 자신의 콤플렉스로 인해 프로이트에게 충실할 수 없다. 만일 정신분석의 교육이 이러한 권위에 대한 갈등 속에서 진행된다면, 그는 융이나 아들러와 같이, 그리고 프로이트 이후의 수많은 정신분석가가 그랬던 것처럼, 프로이트가 억압적이고 제왕적인 분석가라고 비난하면서 자신만의 '정신분석학'을 만들어 내려고 시도하게 될 것이다.

학교에 들어가면 선생의 가르침을 따르는 것이 당연한 일 아닐까? 정신분석을 연구하기 위해 프로이트의 권위를 존중해야 한다는 것은 그렇게 이상한 말이 아닐 것이다. 다른 영역에서 이것은 매우 당연하게 받아들여지지만, 이상하게도 정신분석에서는 이런 일이 일어나지 않았다. 정신분석의 역사에서는 프로이트의 권위에 저항하며 프로이트가 항상 옳은 것은 아니라고 주장하는 분석가들이 많았다. 물론 프로이트의 이론이 항상 옳은 것은 아니다. 그런데 비판이 가능하기 위해서는 프로이트의 전체 학설에 대한 충분한 이해가 있어야 한다. 하지만 내가 알기로 충실히 프로이트를 연구한 이들은 라캉 이전에는 없었다. 오히려 후대 정신분석가들의 프로이트 비판은 프로이트를 제대로 읽지 않고 '오해 속에서' 가해지는 경우가 많았다. 이들은 진짜 프로이트가 아니라 자신의 상상 속의 프로이트를 비판했던 것이다.

우리는 종종 교과서의 내용을 전체적으로 이해하지 못한 채, 지엽적인 부분만을 가지고 전체 내용을 왜곡하는 경우를 본다. 학교에서 이런 태도를 보이는 학생이 있다면, 과연 그를 좋은 학생이라고 할 수 있을까? 이들은 좋은 학생이라고 평가받지 못할 것임이 틀림없는데, 그렇다면 정신분석의 영역에서도 학교의 규칙을 중시하지 않는 반항적인 분석가들이 많았다고 이야기할 만하다. 어쩌면 대부분의 분석가는 분석가로서의 태도를 갖추지 못했을지 모른다. 학교의 규칙을 중시하지 않고 제멋대로 가르침을 왜곡하는 학생들이 과연 다른 학생들을 제대로 가르칠 수 있을까? 그들은 자기 학생들과 환자들에게 도대체 무엇을 말해 줄까?

정신분석학사에서 프로이트의 위치는 매우 독특하다. 프로이트는 모든 정신분석가의 선생이다. 제아무리 뛰어난 정신분석가라 한들 프로이트를 뛰어넘는 것은 원칙적으로 불가능하다. 프로이트의 가르침을 받아들이지 않고서는 정신분석가가 될 수 없기 때문이다. 정신분석가가 프로이트의 텍스트를 꼼꼼히 읽는 것은 그 자체로 겸손한 태도를 보이게 만든다. 겸손한 태도는 배움의 기본이며, 분석가의 양성 과정은 이러한 태도를 갖추는 과정이다. 분석가는 가르치는 자가 아니라 배우는 자의 태도를 갖출 수 있어야 한다. 분석가는 그가 만나는 사람이 누구던 그를 자신에게 무의식의 비밀을 가르쳐 주는 사람으로 대할 수 있어야 한다.

그러나 지금도 마찬가지지만, 많은 분석가는 이러한 태도를 갖추지 못했다. 그들은 비밀스러운 무의식의 지식들을 한 조각씩 습득할 때마다 오만해졌다. 그들은 그 지식을 마치 자신의 무기처럼 휘두르며 환자를 자신이 이미 알고 있는 것들에 끼워 맞추려 했다.

많은 분석가가 방어 메커니즘을 이용하여 분석의 결론과 요구를 자신으로부터 다른 데로-아마도 다른 사람에게로-돌림으로써 분석의 비판적, 교정적 영향을 회피하면서 자신의 상태에 그대로 머물러 있는 법을 배우는 것 같다. 이런 것을 보면 어떤 사람에게 어떤 힘이 주어진다면 그것을 오용하지 않기란 쉽지 않다고 경고한

어느 작가의 말이 맞는 것 같다.[11]

프로이트는 이 글을 1937년에 발표했다. 그가 1939년에 사망했으니 사망하기, 이 글은 그가 죽기 2년 전에 발표된 것이다. 그는 분석가들에게 겸손한 태도를 요구했지만 분석가들은 프로이트의 요구를 따르지 못했다. 결국 프로이트는 분석가들에게 '문제'가 있음을 인정하지 않을 수 없었다. 이전까지 그는 정신분석가가 되길 원하는 사람은, 어느 정도 '정상성'에 이른 사람이라고 판단했다. 그래서 그는 정신분석가들의 분석, 교육 분석을 치료 분석과 분리했으며 치료 분석에 비해 보다 짧게 진행했다. 프로이트는 이것이 사실이라고 믿었다. 그러나 이것은 사실이 아니었다. 분석가들은 오히려 '더욱 병들어 있었다.' 분석가들의 분석을 짧게 진행한 것은 프로이트의 실수였다. 그리하여 프로이트는 자신의 실수를 바로잡으려 했다. 그는 모든 분석가에게 5년마다 분석을 다시 받을 것을 요구하며, 분석을 '끝낼 수 없는 과정'으로 만들었다.

모든 분석가는 대략 5년에 한 번씩 주기적으로 다시 분석을 받아야 하며 이런 조치에 대해 부끄러워할 필요가 없다. 이는 환자에 대한 치료 분석뿐 아니라 자기 분석도 끝낼 수 있는 과업에서 끝낼

---

11) 지그문트 프로이트, 이덕하 옮김, 「끝낼 수 있는 분석과 끝낼 수 없는 분석」, 『끝낼 수 있는 분석과 끝낼 수 없는 분석』, 도서출판 b, 2004, pp.372~373

수 없는 과업으로 바뀔 수 있음을 의미한다.[12]

그러나 역사가 증언하듯 분석가들은 프로이트의 말을 따르지 않았다. 그리고 이 당시의 프로이트는 이미 너무 늙었기에 자신의 규율을 분석가들에게 강요할 수 없었다. 결국 프로이트는 자기 일을 끝마치지 못하고 사망했으며, 이는 정신분석학계의 '증상'으로 남게 되었다.

라캉은 이런 상황에 문제의식이 있었다. 라캉은 정신분석가가 되고자 하는 욕망을 증상으로 간주했다.[13] 이것은 매우 적절한 처사였다. 프로이트가 분석가들에게 5년마다 다시 분석을 받으라고 말했던 이유는, 분석가가 되고자 하는 욕망을 가진 사람들이야말로 심한 '병리'를 겪고 있는 사람들이기 때문이다. 즉 프로이트의 관점에서 정신분석가가 된다는 것은 우리가 '정상인'이 되었다는 것을 의미하지 않으며 우리가 병들어 있다는 사실을 완전히 인정하

---

12) 같은 책, p.373
13) Jacques Lacan, 「Variantes de la cure-type」, 『Écrits』, SEUIL, 1966, p.358; 자크 라캉, 홍준기·이종영·조형준·김대진 옮김, 「표준 치료의 변형태들」, 『에크리』, 새물결, 2019, p.420 "사람들은 교육 분석에 대한 내적 장애물을 후보자가 분석가와의 관계에 의해 놓이게 되는 후보자 자격 지원과 관련된 심리적 태도 속에서 찾으려고 했지만 이 장애물이 분석의 핵심적 토대 속에 있다는 것은 지적되지 않았는데, 후보자의 결심의 핵심에서 그를 고무하고 있는 것은 지식에의 욕망, 권력에의 욕망이라는 것이 그것이다. 또한 이 욕망은 사랑에 대한 신경증자의 욕망처럼 다루어야 한다는 것도 인식하지 못했다. 이에 대해 대대로 전해온 지혜는 그것이 사랑의 이율배반이라는 것을 알고 있다. (정신분석 분야의 최고 저술가들이 모든 교육 분석은 후보자가 분석가를 직업으로 선택한 이유를 분석하지 않으면 안 된다고 선언할 때 겨냥하는 것이 이것이 아니라면 말이다.)"

는 것을 의미한다. 정신분석적 관점에서 인간은 병들어 있으며 병으로부터 자유로울 수 없다. 분석가가 할 수 있는 일은 병으로부터 완전히 도피하는 것이 아니라, 병이 발생할 때마다 그것들을 분석하여 프로이트가 말했던 자아 수정 과정을 지속하며 나아가는 것이다.[14]

정신분석은 결코 끝날 수 없다. 정신분석의 끝은 분석이 끝날 수 없음을 받아들이는 것이라고 할 수 있다. 그러나 정신분석가들은 자신의 병과 대면하기는커녕 그것으로부터 회피하는 법을 배웠다. 그들은 자기 자신의 분석을 소홀히 하고 환자들을 분석했다. 프로이트의 표현처럼 방어 기제를 '남한테' 돌리는 법을 배운 것이다. 이것은 그 정신분석가들의 분석이 제대로 끝나지 않았음을 의미했다. 문제는 이런 상황에서 정신분석의 가르침이 왜곡되고 정신분석의 대의가 훼손되는 일이 발생했다는 점이다.

이러한 상황에서 라캉은 프로이트의 생각을 이어받았다. 그는 자아심리학과 대상관계라는 이름으로 왜곡된 정신분석으로부터, 진정한 프로이트주의를 구출해 내길 원했다. 라캉은 프로이트의 욕망과 조우했고 그 욕망이 던지는 수수께끼를 알기 위해서 프로이트에게 집중했다. 이런 관점에서 라캉은 "프로이트로 돌아가자."라고 말하며 정신분석의 역사에서 최초로 프로이트의 중요성을 강조했다.

---

[14] 지그문트 프로이트, 이덕하 옮김, 「끝낼 수 있는 분석과 끝낼 수 없는 분석」, 『끝낼 수 있는 분석과 끝낼 수 없는 분석』, 도서출판 b, 2004, pp.371~372

라캉은 프로이트의 사상을 이해하고 계승하기 위해 평생을 바친 인물이다. 라캉은 죽은 프로이트에 대한 강렬한 애정을 가지고 있었다. 그리고 이러한 애정은 라캉으로 하여금 어느 누구의 권위에 편승하지 않도록 만들었다. 그는 프로이트의 학설을 토대로 다른 분석가들을 비판하며 자신의 권위를 주장했고, 더 나아가 자신의 학파를 창립했다.

'정신분석가의 권위는 스스로에게서 나온다.'라는 라캉의 테제는 프로이트의 사유를 충실히 이어받은 결과라고 할 수 있다. 라캉의 이 금언은 매우 중요한 의미를 가진다. 왜냐하면 프로이트는 정신분석의 커리큘럼을 만들어서, 그것을 이수하는 자에게 정신분석가 자격증을 배포한 적이 없기 때문이다. 보통의 교육 과정에서 통과자의 권위를 결정짓는 것은 커리큘럼의 이수 조건이다. 이와는 달리 프로이트는 정신분석가가 되길 원하는 사람은 누구나 자신의 제자로 받아들였다.

그렇다면 '누구나' 정신분석가가 될 수 있을까? 처음에 프로이트는 정신분석가가 되길 원하는 모든 이들은 분석가가 될 수 있다는 태도를 보였다. 1909년 클라크 대학에서 실시한 강연에서 프로이트는 어떻게 하면 정신분석가가 될 수 있느냐는 질문에 '꿈을 연구함으로써'라고 말했다.[15] 잘 알려져 있듯, 이후 프로이트는 조건을 바

---

15) 지그문트 프로이트, 임진수 옮김, 「정신분석에 대하여」, 『끝이 있는 분석과 끝이 없는 분석』, 열린책들, 2005, p.198

꾼다. 정신분석가가 되기 위해서는 개인 분석을 받아야 한다.[16] 왜 이런 조건이 붙었을까?

그 이유는 간단하다. 정신분석가가 되기를 원하는 누군가가 있다고 할 때, 그의 욕망은 제대로 된 판단에 근거한 것이 아니기 때문이다. 그는 정신분석과 정신분석가의 삶이 무엇인지 모른 채 자신이 상상하는 이미지에 근거하여 정신분석가가 되기를 원했다. 이러한 환상은 그가 실제 정신분석을 경험해 보고 분석가의 삶이 어떤 것인지 경험하면서 해체된다. 이와 유사하게 대기업 입사를 꿈꿔서 회사에 입사했지만, 실제 회사원의 삶이 상상한 것과 달라서 퇴직하는 주체도 있다. 정신분석 또한 마찬가지다. 실제 정신분석이 어떤 것인지 체험한 후에도 그의 결정이 유지될 것이라는 보장은 없다.

이 말은 분석가가 되고 싶어서 정신분석을 시작했지만, 분석 도중에 다른 욕망이 나타날 수도 있다는 사실을 의미한다. 반대로 일반적인 증상 때문에 분석을 받게 되었지만, 분석의 끝에 분석가의 욕망이 나타날 수도 있다. 치료 분석과 교육 분석을 사전에 구분 짓는 것은 무의미하다. 정신분석가의 욕망은 분석이 끝날 때 확정된다. 분석을 끝까지 마친 주체에게 분석가로서 살아가길 바라는 욕망이 나타난다면, 그가 받은 분석은 그제야 교육적인 분석이 된다.

---

16) 프로이트, 이덕하 옮김, 「정신분석 요법의 앞으로의 가망성」, 『끝낼 수 있는 분석과 끝낼 수 없는 분석』, 도서출판 b, 2004, p.226

즉 라캉에 의하면 분석의 교육적 효과는 주체의 원함에 의해 결정된다.[17]

프로이트와 라캉 모두 정신분석가를 지식이 아닌 주체의 태도로 결정했다. 이는 그 자체로 기성의 권위를 두려워하며 그로부터 인정받길 바라는 것은 분석적 태도에 어긋난다는 사실을 알려 준다. 기성의 권위로부터 인정받아야만 분석가가 될 수 있다고 믿는다면, 그 주체는 정말로 분석가가 되길 원하는 것이 아니다. 정말로 정신분석을 원한다면 타자가 인정하지 않는다고 하더라도 분석가의 길을 가게 된다. 인정 욕망은 분석가의 욕망과 관련이 없다.

그렇다고 해서 정신분석에서 모든 권위가 부정될 수 있는 것도 아니다. 정신분석에서는 주체의 욕망을 인정하는 권위가 필요하다. '당신은 정말로 정신분석가가 되길 원하는가?' 이 말의 진정한 의미는 다음과 같다. '당신은 그 어떤 어려움에도 불구하고 당신의 욕망을 포기하지 않을 수 있는가?' 정신분석가의 단체, 즉 학교는 이 욕망을 시험하고 보증하는 기능을 해야 한다. 한국에는 이러한 형태로 운영되는 정신분석 단체가 없었다. 한국의 권위자들이 프로이트의 가르침에 충실하지 않은 모습을 볼 때마다 나는 실망했다. 나는 이런 상황이 불만족스러웠다.

분명 한국에 나와 같은 이들이 존재하리라고 생각했다. 한국 정신분석학계에 불만을 느끼며 새로운 어떤 흐름이 나타나길 기다리

---

17) Jacques Lacan, 「Acte de fondation」, 『Autres crits』, SEUIL, 2001, p.234

는 이들 말이다. 한국의 정신분석은 주체가 경험하는 문명 속의 불만을 해소하는 데 기여하지 못했다. 만약 이런 상황에서 내가 앞장서서 스스로에게 권위를 부여한 분석가로서 한국에서 살아남는다면 그것은 분명 의미 있는 일이 될 것이다. 어떤 이들은 나의 모습에 이끌려 나와 같은 방식으로 분석가가 되고 싶어 할 것이라고 생각했다. 그리하여 나는 정신분석가로서 활동하기로 결정했다.

정신분석가란 누구일까? 많은 사람들은 정신분석가가 성인군자이길 바란다. 혹은 인간의 비밀을 알고 있는 구루라고 생각한다. 나는 종종 정신분석가들 역시 이러한 모습을 보여 주기 위해 애쓰는 것을 보게 된다. 그러나 정신분석가는 성인군자나 구루가 아니다. 내가 볼 때 정신분석가는 무엇보다 싸우는 사람이다. 자신의 욕망을 추구하기 위해, 설령 그 욕망의 현실화가 불가능해 보일지라도 현실의 제약과 맞서 싸우며 자신의 욕망을 실현할 방법을 찾는 사람이 정신분석가다.

그러므로 정신분석가의 욕망은 '전복적인(subversif)' 욕망이다. 전복이란 체제와 질서 따위를 뒤집는 것을 말한다. 정신분석가는 체제 순응적인 욕망을 가진 존재가 아니다. 프로이트와 라캉을 생각해 보자. 프로이트는 사회 통념과 반대되는 이론을 주장하여 학계에서 외톨이가 되었지만, 그럼에도 자신이 진리라고 믿었던 것을 포기하지 않았던 사람이다. 라캉은 어떤가? 라캉 역시 마찬가지로 당시 정신분석학계가 프로이트적 대의로부터 멀어졌다고 비판하며 자신의 진리를 주장하다 국제정신분석학회로부터 파문당했다. 이 두 명의 분석가는 기성 체제와 권력에 순응하지 않았으며, 자신이 옳다고 믿는 바를 지키기 위해 끝까지 저항했고, 그리하여 새로운 조류를 만들어 내었다. 정신분석가는 이와 같은 욕망을 가져야 한다. 라캉이 '자신의 욕망을 포기하지 않는 것(ne pas ceder sur son désir)'을 정신분석의 윤리로 설정한 이유이다.

정신분석 임상은 부모라는 타자의 욕망 앞에서 자신의 욕망을 포기한 주체들이 병에 걸린다는 사실을 보여 주었다. 부모의 결핍은 주체의 증상으로 나타난다. 어떻게 삶을 살아가야 하는지 모르는 주체는 부모의 삶을 모방하고 부모가 전달하는 지식에 동일시한다. 부모의 형상은 일종의 동일시를 위한 최초의 기표(초자아)로서 주체에게 주어진다. 그런데 부모가 살아가는 방식은 아이가 살아가길 원하는 방식과 다를 수 있다. 그러나 부모라는 기표와 동일시한 아이는 자신이 원하는 것이 무엇인지 알 수 없다. 아이가 배운 것은 부모가 사용하는 언어이기 때문이다. 아이는 진정한 자신의 욕망과 대면할 때 불안해하며, 이 불안 때문에 자신의 욕망을 포기하게 된다. 여기서 아이에게는 결핍이 발생한다. 아이는 자신이 무엇인가 다른 것을 원한다고 생각하지만 그것을 자신의 언어로 설명할 수 없다. 그 결과 아이에게는 여러 종류의 증상이 발생한다.

따라서 증상은 부모에 대한 일종의 저항이라고 말할 수 있다. 아이의 증상은 무의식적으로 부모의 결핍을 지적하는 것이다. 거기엔 부친 살해의 욕망이 담지되어 있다. 따라서 증상을 분석하게 되면 부모의 결핍을 넘어서고자 하는 주체의 욕망이 나타나게 된다. 분석을 마친 아이는 부모에게 반항하며 고집스럽게 자신의 길을 간다. 부모를 향한 사랑을 자신의 손으로 끊어 내는 것이다. 실제로 프로이트는 '자신의 아이를 고쳐 달라'는 부모의 요구에 대해서, 정신분석을 받게 되면 부모의 말을 잘 듣는 아이가 되는 것이 아니라, 이전보다 더 자기의 길을 가게 될 것이라고 말한바 있다.

혹은 어떤 부모는 신경질적이고 말 안 듣는 아이를 고쳐 주기를 바란다. 그들이 생각하는 건강한 아이란 부모에게 아무 문제도 일으키지 않는 아이, 그리고 부모에게 즐거움만 주는 아이를 말한다. 의사는 아이를 고칠 수도 있다. 그러나 아이는 고쳐지고 나면 전보다 더 결정적으로 자기 갈 길을 간다. 그리고 부모는 전보다 더 불만스러워하게 된다.[18]

프로이트의 이 문장은 정신분석의 특징을 잘 보여 준다. 여기서 프로이트는 '즐거움'이란 단어를 사용하고 있다. 정신분석은 무의식을 의식화하는데, 그것이 의식화될수록 주체는 점차 타자의 즐거움 앞에서 물러서지 않게 된다. 라캉식으로 표현하자면 주이상스라고

---

[18] 지그문트 프로이트, 김명희 옮김, 「여자 동성애가 되는 심리」, 『늑대 인간』, 열린책들, 2003, p.351

할 수도 있을 것이다. 왜냐하면 주이상스란 주체가 타자에 의해 대상화되면서 발생하는 고통 서린 향락을 뜻하기 때문이다. 주이상스를 경험하는 아이는 굉장히 고통스러워한다. 부모가 아이에게 지나치게 근접할 때 아이가 고통을 겪는 이유다.

그리고 아이는 어떤 방식으로든 이 고통을 표현한다. 아이가 갑자기 신경질적이고 예민해질 수도 있다. 은근히 부모의 말을 무시하며 반항할 수도 있다. 아이가 부모의 말을 안 듣는 까닭은 부모가 아이를 자신의 장난감처럼 대하기 때문이다. 아이는 증상으로써 부모의 주이상스의 대상이 되는 것에 저항한다. 이렇게 되면 부모는 아이를 통해 만족을 얻을 수 없게 된다. 부모가 아이를 분석가에게 데려오는 까닭은 부모 자신이 주이상스의 위기를 겪기 때문이다.

나는 여기서 주이상스(jouissance)와 만족(satisfaction)을 구분하고자 한다. 주이상스가 주체를 파괴하는 종류의 향락이라면, 만족은 그러한 파괴적 고통이 사라진, 보다 지속적이고 안정적인 즐거움을 의미한다. 부모가 아이를 대상화할 때 발생하는 것은 만족이 아니라 주이상스다. 그것은 파괴적인 동시에 향락적이다. 고통이 발생함에도 부모가 주이상스를 포기하지 못하는 이유는 그 부모 역시 어떤 방식으로 만족을 얻을 수 있는지 알지 못하기 때문이다.

즉 부모는 자신의 태도가 아이는 물론 자신에게도 해가 될 수 있음을 알고 있다. 그러나 그 주이상스는 고통스럽다고 할지라도 부모가 알고 있는 유일한 즐거움이기에 쉽게 포기하지 못할 수 있다. 그

대표적인 사례가 바로 아이가 원하는 모든 것을 해 주려는 것이다. 부모는 모든 재산을 투자해서 아이가 원하는 것을 해 주고 아이가 즐거워하는 모습을 보며 행복해한다. 그 결과 아이는 버릇이 나빠지고 사회에 나가 일하는 법과 사랑하는 방식을 배우지 못하게 된다. 주이상스를 통한 부모와 아이의 결속은 결과적으로 아이를 망치는 것은 물론, 부모 역시 재산을 남김없이 자녀에게 투자하게 되어 자신을 파괴시키는 결과를 가져온다.

이러한 상황은 한국에서도 쉽게 찾아볼 수 있다. 오늘날 매스컴을 통해 우리는 문제 행동을 일으키는 아이들을 상담해 주는 여러 프로그램을 시청할 수 있다. 부모는 말을 안 듣는 아이를 고치길 원한다. 이때 부모로부터 발화되는 '고친다'는 말은 고장이 난 장난감을 고친다는 의미와 크게 다르지 않다. 부모는 말을 안 듣는 아이를 자신의 입맛에 맞게 변화시키려고 하기 때문이다. 정신분석적 관점에서 고친다는 말은 이것이 아니다. 그렇다면 정신분석적 관점에서 '고친다는 것', 즉 치료란 무엇일까? 정신분석적 관점에서 치료란 타자의 즐거움의 대상이 되는 자리에 머무르지 않도록 하는 것, 주체가 타자와 상관없이 자신의 길을 갈 수 있도록 만드는 것이다.

정신분석을 통해 이전까지는 부모의 쾌락을 위한 대상이었던 아이는 부모의 즐거움 앞에 굴하지 않고 자신의 욕망을 추구하게 된다. 아이의 관점에서 부모는 기존의 체제와 권력이라고 할 수 있으므로, 아이는 분석을 통해 그 체제를 전복하게 된다. 무의식은 이러한 전복성을 가지고 있다. 무의식을 따르는 정신분석은 이러한 전복적 욕망을 획득하는 과정이라 할 수 있다.

그렇다면 정신분석을 끝까지 받은 정신분석가가 체제 순응적일 수 있을까? 이것은 불가능하다. 기존 권위자들로서 본다면 말 잘 듣는 순응적인 학생들이 좋아 보일 것이다. 그들은 권위자들에게 즐거움을 준다. 순응적인 학생들은 권위자들로부터 좋은 점수를 받고 권위자들은 자신에게 즐거움을 주는 순응적 학생들의 미래를 위해 자리를 마련해 준다. 이처럼 기성 권위에 의존함으로써 문제를 해결하려고 하는 것, 타자에게 즐거움을 주는 대상이 되려고 하는 태도는 분석가에게 요구되는 태도가 아니다. 정신분석가의 욕망은 이러한 구도 자체를 '뒤집는 것'이다.

그렇다면 정신분석은 모든 종류의 반항을 옹호하는가? 문제는 그렇게 간단하지 않다. 여기서 체제 전복은 단순한 반항을 의미하지 않는다. 정신분석은 현실의 우위를 인정한다. 주체의 반항이 불온하기 때문이 아니라 체제가 주체보다 강력하기 때문이다. 주체가 이 사실을 고려하지 않고 체제에 반항한다면 그것은 반드시 주체의 패배로 끝나게 된다. 체제를 전복하기 위해서는 다른 선택이 필요하다. 체제와 권력에 대해 주체가 취할 수 있는 태도는 순응과 반항 단 두 가지만이 아니다. 여기에는 어떤 종류의 샛길이 있다. 체제의 우위를 받아들이면서도 그 안에서 내가 원하는 것들을 추구하는 방법도 있다.

이것을 정신분석가와 프로이트의 관계를 통해 설명해 보자. 정신분석가들에게 프로이트는 기성의 권위를 의미한다. 그렇다면 반항을 옹호하는 정신분석가는 프로이트의 허점을 찾고 자신의 이론을 개진해야 하는가? 이것은 역사상 수많은 정신분석가들이 저질렀던 실수다. 실제로 프로이트는 학생들이 자신의 학설을 잘 따르기를 요구했다. 그러나 적지 않은 분석가들은 프로이트가 자신의 권위를 강화하길 원하는 제왕적인 존재라고 불쾌해하며 반항했다. 이러한 행위는 '반항을 위한 반항'에 불과하다. 이는 프로이트의 독점적 지위를 무시하는 행위이다. 이러한 반항이 문제가 되는 이유는 프로이트가 가르치려 했던 것을 제대로 배우지 못하게 만들기 때문이다. 프로이트는 우리가 정신분석가로서의 욕망을 획득할 수 있는 방법을 전수했다. 그는 정신분석학의 창시자이다. 프로이트의 학설을 충실히 따르지 않고는 정신분석가가 될 수 없다.

그렇다면 프로이트는 영원히 스승의 자리에 있을 수밖에 없는 존재인가? 학생들은 영원히 프로이트의 그늘 밑에 있어야 하는가? 그렇지 않다. 왜 그럴까? 프로이트가 완전한 존재는 아니기 때문이다. 프로이트를 열심히 공부하다 보면 그의 한계점들이 보이기 마련이다. 프로이트 본인이 말하거나 쓴 것과는 다르게 그 자신이 제대로 실천하지 못한 것, 인간의 수명과 환경 때문에 프로이트가 다루지 못한 주제들이 보이기 시작하는 것이다. 만약 학생이 프로이트의 이러한 한계로부터 시작해서 정신분석을 갱신하게 된다면, 그는 정말로 프로이트를 뛰어넘게 되는 것이다.

역설적으로 우리가 프로이트를 철저하게 연구하고 실천할 때, 우리는 프로이트의 한계점들을 보게 된다. 말년의 프로이트가 수명의 문제로 자신의 작업을 멈췄던 곳에서 더 나아가는 것이 후대의 분석가들에게는 가능하다. 프로이트보다 젊은 나이에 프로이트의 수준에 도달하는 것이 가능하다. 프로이트가 남겨 놓은 유산이 있기 때문이다. 후대의 분석가는 프로이트의 유산을 통해 프로이트 다음으로 나아간다. 정신분석에서 '전복'한다는 것은 이런 의미다. 스승으로부터 가르침을 받고 그 가르침에 충실하여 결국에는 스승보다 더 나은 존재가 되는 것. 이것이 정신분석가의 전복적 욕망이다.

Part 4

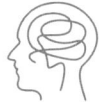

실천에 대한 혼란

　　　　　　나는 대학원을 졸업하고 정신분석가로서 활동하기로 결정했지만, 이 결정이 쉬웠던 것은 아니었다. 당시에는 많은 혼란이 있었다. 도대체 어떻게 분석해야 하는가? 실재적 무의식과 조우하기 이전에 나는 분명 분석하는 법을 알고 있다고 생각했다. 나의 분석가를 모델로 삼고 있었기 때문이다. 나는 나의 분석가를 흉내 내며 분석할 생각이었다. 내가 분석을 받았던 방식을 그대로 환자들에게 적용하려고 했다. 대다수의 시간을 침묵하고, 필요한 순간에 구두점(ponctuation)을 찍으며, 중요한 순간에 분석을 끝내려고 했다.

　그러나 나는 정신분석 임상을 실제로 하면서 그 방법을 적용하기가 쉽지 않다는 사실을 깨달았다. 환자들은 그 방법을 원하지 않았다. 내가 만났던 환자들은 나와 다른 사람들이었다. 나는 이 점을 고려해야만 했다. 그렇다면 어떻게 해서 나는 그런 분석을 받을 수 있었던 것인가? 내가 짧은 분석을 감당할 수 있었던 것은 두 가지 이유에서였다. 나는 라캉 정신분석이 그런 것이라는 사실을 알고 있었으며, 나의 분석가를 신뢰했다. 나는 '그를 만나기 이전부터' 그를 충실히 따르기로 결정했고 그 신뢰를 끝까지 유지하려고 했다. 그러나 환자들은 분석가로서의 나를 신뢰하지 않았다.

환자들의 불신은 어찌 보면 당연한 것이다. 사람들은 정신분석이 무엇인지 잘 모를 뿐만 아니라, 나는 너무 젊었다. 더 핵심적인 사실은 이러한 불신이 분석에서 구조적으로 나타나는 현상이라는 점이다. 정신분석에서 주체는 분석가라는 낯선 타자에게 자신의 내밀한 관념들을 털어놓아야 한다. 주체 스스로도 받아들일 수 없어서 거부한 관념들이기에 주체는 평생 그것들을 말할 수 없는 금기 속에서 살아왔다. 갑자기 어떤 사람이 나타나서 그것들을 이야기해도 괜찮다고 말해 준다고 해서 주체가 빠르게 그것들을 이야기할 수 있는 것은 아니다. 환자로부터 거부당한 관념에 접근할수록 분석가는 환자에게서 믿을 수 없는 사람처럼 보인다. 실제로 프로이트 역시 『일상생활의 정신 병리학』에서 환자들이 자신을 신뢰하지 않는다는 사실 때문에 고민하고 있음을 드러낸바 있다.[19]

여기서 환자들과 나의 차이점이 드러난다. 나는 나의 분석가를

---

19) 지그문트 프로이트, 이한우 옮김, 『일상생활의 정신 병리학』, 열린책들, 2003, p.351

향한 불신을 거의 가지지 않았다. 나는 분석을 받는 동안 분석가에 대한 이의 제기를 최대한 억제하고서 자유 연상의 원칙을 지키기 위해 노력했다. 나는 그의 말에 충실하기 위해 노력했던 것이다. 이렇게 할 수 있었던 이유는 무엇이었을까? 한 가지 이유는 나는 나의 분석가가 나보다 더 알고 있다는 사실을 의심하지 않았기 때문이다. 나는 최대한 그의 권위를 존중하기 위해 노력했다. 뿐만 아니라 나는 그와 분석을 하기로 선택했다. 나에게는 나의 선택에 대한 책임을 질 의무가 있었다. 따라서 나는 분석가가 이해할 수 없는 행위를 한다고 해도 그가 모른다고 생각하지 않았다. 내가 이해하지 못한다고 하더라도 그의 말과 행동 하나하나에 모든 의미가 담겨 있으리라 생각했다. '그래, 그는 나에게 이렇게 말했지. 그렇다면 그는 왜 나에게 그런 말을 했던 것일까?'

나는 그와 같은 권위를 가지고 있지 않았다. 그가 프랑스에서 정신분석으로 박사 학위를 받은 권위자였던 것과는 달리 대중에게 나는 일개 스스로를 정신분석가라고 주장하는 사람으로 비칠 것이 자명했다. 그가 나의 논문 심사에서 말했던 것처럼, 나는 아무런 권위를 갖지 못했다. 그리하여 분석은 진행되지 않았다. 이것은 나에게 다음과 같은 사실을 알려 주었다. 나는 나의 분석가를 모방하며, 마치 권위를 가진 사람인 것처럼 행동하고 있었던 것이다. 그 방식은 나의 분석가에게는 맞는 것이었을지 몰라도 나에게는 적합하지 않았다. 라캉이 말한 것처럼 내가 분석가로서 살아가기 위해서는 분석이 지속될 방법을 발명해 내야만 했다.

 권위에 의존한 분석은 불완전할 수밖에 없다. 프랑스에서 권위 있는 학위를 가지고 돌아온 분석가는 현실이라는 장벽과 부딪힐 일이 그리 많지 않을 것이다. 학생들과 환자들은 이미 분석가의 권위를 존중하고 그의 말을 잘 따르려고 노력할 테니 말이다. 이렇게 되면 분석은 필히 분석가 중심적인 방식으로 흐르게 된다. 실제로 내 분석가의 방식은 굉장히 분석가 중심적이라고 할 수 있다. 분석가가 중요하다고 판단하는 순간에 구두점을 찍고 분석가가 원하는 순간에 분석을 끝낸다. 분석가는 분석 주체에게 아무것도 설명해 주지 않고 집으로 돌려보낸다. 분석가가 이렇게 행동하면서 의도하는 것은 분석 주체가 분석과 분석 사이에 스스로 해석을 고안해 내도록 하기 위함이다. 이러한 방식은 분명 효과가 있다. 나는 분석과 분석 사이에 많은 것을 스스로 해석해 냈다. 나는 마치 정신분석가처럼 그를 분석했다. 이것이 가능했던 이유는 무엇일까? 나에게 그를 향한 믿음이 존재했기 때문이다. 나는 그가 알고 있을 것이라고 믿었기에 그의 수수께끼 같은 행동들을 해석하며 나의 무의식을 알아 나갈 수 있었다.

 내 분석가의 방식은 주체로 하여금 스스로 해석을 고안해 내도록 하는 것이다. 이 방식은 분석이 어느 정도 수준에 이른 이들, 즉 정신분석이 무엇인지 어느 정도 알고 있는 사람에게 적용할 수 있다. 이는 라캉의 '짧은 상담(séance courte)'에 대해 알고 있으며 그와 동시에 강력하게 분석을 욕망하는 주체에게 적용할 수 있다.

그런데 여기에는 한 가지 특징이 있다. 주체가 분석가의 욕망을 해석해 낼 때 그는 마치 분석가를 자신이 원하는 바를 명시적으로 말하지 못하는 결핍된 주체처럼 대한다. 이는 정신분석가를 이상화된 대타자의 자리에 두지 않는다는 사실을 의미한다. 나는 정신분석가를 결핍된 주체로 대했고, 그의 욕망을 해석하며 그가 원하는 것이 무엇인지 알아내려고 노력했다.

나와의 분석에서 그가 많은 말을 하지 않았던 이유 중 하나는 나 역시 그에게 적극적으로 말을 걸지 않았기 때문이다. 물론 그런 시도를 하지 않았던 것은 아니다. 이를테면 나는 분석가로부터 해석을 듣길 원했다. 그는 그럴 때마다 짐짓 나의 대답을 회피하려는 듯한 태도를 보였다. 나는 그가 나의 질문에 대답하는 방식으로 이야기하기를 원하지 않는다고 생각했다. 따라서 나는 분석가에게 묻는 것을 중단했다. 그 응답의 회피는 '스스로 생각해 보라'는 의미로 이해되었기 때문이다.

나는 내가 분석에서 취한 태도가 독특한 것이라는 사실을 나 스스로가 직접 분석가가 되고 나서야 알았다. 분석을 지속하다 보면 대부분의 주체에게서 분석가의 해석에 대한 욕망이 나타나기 시작한다. 그 이유는 주체가 마주한 저항이 주체 스스로는 결코 극복할 수 없는 성격의 것이기 때문이다. 주체는 저항을 극복하기 위해서 타자의 개입이 필요하다. 이것이 본질적인 의미의 저항이라 할 수 있다. 나의 분석 경험에 의하면 만약 이 순간에 분석가가 적절하게 개입하지 못한다면 분석은 종결된다. 분석가의 역할은 바로 그 순간 환자에게 개입하여 환자의 담화를 해석해 주는 것이다.

그런데 나는 분석에서 이와 같은 형태의 개입을 분석가에게 요구하지 않았다. 나는 분석가에게 해석을 요구하지 않았고 정해진 규칙을 따랐다. 분석가로부터 무엇인가를 사사받길 원하기보다는 그것들을 스스로 분석해 내고자 시도했다. 분석가가 나에게 바라는 것이 바로 그것이라는 생각이 들었기 때문이다. 그리고 분석가가 암시적으로 전달하는 해석을 통해서 내가 적절한 방향으로 나아가고 있는지 확인할 수 있었다.

이러한 상황에서 나에게 필요한 것은 바로 담화의 수신인이었다. 나는 스스로 작업하길 원했으며, 나의 연상을 들어 줄 이를 필요로 했다고 할 수 있다. 나는 내가 무의식에 대해 알지 못한다고 생각했기에 나의 분석가를 찾아갔다. 스스로 알지 못한다고 생각하는 것, 이것이 전이의 조건이었다. 하지만 분석 경험은 내가 무의식에 대해 이미 알고 있다는 사실을 가르쳐 주었다. 나 스스로 무의식을 해석해 내는 방식을 알게 되면서, 나는 서서히 분석가의 필요성을 잃어 가기 시작했다.

그런데 전이가 사라지기 시작하면서 분석가를 바라보는 나의 시선이 바뀌기 시작했다. 처음에는 그가 모든 것을 알고 있는 사람이었다면, 분석이 진행되면서 그는 점차 실수를 연발하는 사람처럼 보였다. 한 번은 분석가가 내 말을 들으며 조는 것처럼 보이기도 했다. 이뿐만 아니었다. 분석이 진행되면서 나는 점차 분석가가 구두점을 찍는 지점들이 예상되기 시작했다. 분석가가 어떻게 행동할지 예측이 될 뿐만 아니라 어떤 지점에서 그가 나보다 모른다는 생각까지 들기 시작했다. 알고 있다고 가정된 주체의 권위가 추락하기 시작했다. 나는 내가 무의식에 도달하고 있음을 알게 되었다. '알고 있다고 가정된 주체의 실추(chute du sujet supposé savoir)'가 분석의 끝에서 나타나는 현상이라는 사실을 알고 있었기 때문이다.

즉 처음에 나는 분석가에게 지식을 가정했다. 분석이 진행되면서 나는 분석가에게 가정했던 지식을 가지게 되었으며, 내가 그 지식을 가지게 되면서 점차 분석가를 향한 전이가 약화되었다. 나는 여기서 전이가 약화되었다고 표현했는데, 이는 분석이 끝난 후에도 전이가 완전히 사라지지는 않았기 때문이다. 분석가를 향한 전이가 유지될 때, 나는 정신분석을 실천할 수 있다고 믿었다. 나는 나의 분석가를 따라서 할 생각이었다. '분석가와 동일시(identification à l'analyste)'하고자 했던 것이다.

라캉은 『세미나 11』에서 분석가와의 동일시를 목표로 하면 분석이 곤경에 부딪히는 것이라고 말한 바 있다.[20] 그렇다면 나는 어째서 분석가와 동일시할 수밖에 없었을까? 분석이 분석가와의 동일시로

---

20) 자크 라캉, 맹정현·이수련 옮김, 『세미나 11—정신분석의 네 가지 근본 개념』, 새물결, 2008, p.409

귀착하는 이유는 분석에서 '다루지 못하는 것' 있기 때문이다. 무엇을 다루지 못했을까? 나는 내가 원하는 것을 포기하고 그가 원하는 것을 따라갔다. 앞서 말했듯, 그가 원한다고 생각했던 것은 내가 원하는 것이었다. 즉 정신분석가의 욕망은 내가 무의식적으로 욕망하는 것을 비춰 주었다. 나의 욕망은 나의 것으로 의식화되지 못했으며 타자의 것이라는 형태로 나에게 되돌아왔다. 나는 타자의 매개 없이 나의 무의식을 드러낼 수 없었다. 좀 더 정확히 말해서, 나는 분석가가 원하는 대로 행동했다고 믿었을 뿐 내가 그렇게 하기를 원했다고는 생각할 수 없었다. 이 말은 곧 내가 분석가로서의 욕망을 주체화하지 못했다는 것을 의미한다.

이러한 구조 속에서 나는 나의 욕망을 타자와 동일시하는 것을 통해서 실현할 수 있었을 뿐이었다. 분석가와 동일시를 통해 나는 분석의 난관을 헤쳐 나갈 수 있었지만, 그와 동시에 그것은 곧 내가 덜 분석되었다는 것을 의미했다. 그 증거는 내가 실재와 조우하게 되자 나타났다. 분석가를 향한 나의 이상화가 벗겨지기 시작하자 나는 내 분석가의 방식을 사용할 수는 없었다. 나는 그로부터 배운 모든 것, 즉 그와의 분석 작업을 통해서 획득했던 모든 지식과 경험을 의문에 붙이게 되었다. 나는 분석을 하는 방식에 대해서 본질적인 의문을 던질 수밖에 없었다. '도대체 정신분석은 어떻게 해야 하는 것인가?' 나는 그저 나의 분석가를 모방하고 있었을 뿐, 실제로 정신분석을 하는 법에 대해서는 아무것도 모른다는 사실을 인정할 수밖에 없었다.

 나의 분석가는 권위를 가지고 있었지만, 나는 그렇지 못했다. 내가 나의 분석가처럼 분석할 수는 없는 일이었다. 나는 나에게 맞는 분석 방식을, 한국 사회에서 정신분석가로 살아남을 수 있는 방식을 만들어 내야만 했다. 그 작업의 일환으로 나는 프로이트를 읽기 시작했다. 프로이트를 읽다 보면 어떻게 정신분석을 해야 하는지 알 수 있으리라고 믿었다.

Part 5

정신분석의 재발명

　나는 나의 분석가로부터 배운 모든 것을 버리고, 처음부터 정신분석을 다시 만들어야만 했다. 즉 나는 정신분석을 재발명해야만 했다. 재발명이라고 말한 이유는 정신분석이 프로이트에 의해 이미 한 번 발명되었기 때문이다.

　내가 정신분석을 재발명해야만 했던 또 다른 이유로는 한국에서 정신분석을 배울 수 있을 만한 믿을 수 있는 분석가들이 없었다는 사실을 들 수 있다. 내가 배우기를 원했던 것은 프로이트-라캉의 정신분석이었다. 내가 보기에 한국의 정신분석은 정통성과는 거리가 멀었으며 타협적이고 포용적이었다. 프로이트와 라캉의 저술에 쓰여 있는 것과 명백하게 다른 실천을 하는 이들을 선생이라고 생각하며 따르기에는 무리가 있었다.

유학을 하는 것도 한 가지 방법이었다. 실제로 나는 유학을 진지하게 고려하기도 했다. 그런데 이것 역시 좋은 선택 같지는 않았다. 내가 유학을 가길 원했던 이유는 생계에 대한 불안과 권위 때문이었다. 나는 유학을 마치고 권위자가 되어 돌아온다면 생계에 대한 불안은 없으리라 생각했다. 물론 이는 사실일 수도 있다. 그러나 만약 내가 이런 결정을 한다면, 나는 정신분석을 공부하고자 하는 방법으로써 유학을 선택하는 것일까? 아니면 생계를 유지하기 위한 방편으로 유학을 염두에 둔 것일까? 내가 보기에 유학에 대한 나의 욕망은 순수하지 않았다.

또한 다음과 같은 의문도 들었다. 한국에서 분석을 배우는 것이 불가능하다고 해서 유학을 한다면, 과연 한국에서 '자생적'으로 정신분석이 발전할 수 있을까? 자생이란 무엇일까? 국립국어원의 『표준국어대사전』에 따르면, 자생이란 자기 자신의 힘으로 살아가거나 저절로 나서 자란다는 것을 의미한다. 어떤 대상이 저절로 자라나기 위해서는 발생의 원인이 외부에 있지 않아야 한다. 내가 유학을 선택한다면, 그것은 나 스스로 정신분석의 자생 가능성을 믿지 않는다는 뜻이 된다. 나는 한국에서 정신분석이 자생적으로 자라나길 원했다. 그렇다면 남은 선택지는 하나였다. 나는 정신분석을 만들어 내야만 했다.

나는 마치 프로이트가 했듯, 정신분석을 발명해야만 했다. 가르쳐 주는 사람에 대한 의존 없이 나의 분석 경험과 문헌들을 토대로 정신분석을 한국 땅에서 구현해야만 했다. 과연 홀로 정신분석을 발명하는 것이 가능할까? 나는 거의 불가능하다고 생각했다. 나는 정신분석가의 삶이 가능하리라 믿고 시작하지 않았다. 설령 불가능할지라도, 나의 도전이 실패로 끝난다고 할지라도 그것만으로도 의미가 있으리라고 생각했다.

나는 매우 진지하게 프로이트를 읽기 시작했다. 프로이트는 정신분석을 하는 법을 같은 것을 가르쳐 주지 않았다. 프로이트는 정신분석에서 지켜야 하는 원칙들을 남겨 놓았을 뿐 구체적인 테크닉 같은 것을 전수하지는 않았다. 그러나 내가 지침으로 삼을 만한 텍스트는 프로이트의 것밖에 없었다. 실제 정신분석에서 권위를 가졌다고 인정받을 만한 인물은 창시자로서의 프로이트밖에 없다. 나는 프로이트의 텍스트를 연구하여 정신분석을 하는 방법을 추출하기 위해서 노력했다.

이런 선택을 하는 데 도움이 되었던 것은 대학원 때의 경험이었다. 대학원 재학 당시 나는 앙드레 그린이라는 정신분석가의 말을 전해 들을 기회가 있었다. 명망 있는 분석가였던 그는 미국의 한 대학으로부터 초청을 받아 강연을 진행했다. 학생들은 그에게 정신분석을 하는 구체적인 지침을 가르쳐 달라고 했는데, 앙드레 그린은 버럭 화를 내며 그 요구를 거절했다고 한다. 그는 정신분석의 기술은 정신분석 이론을 제대로 이해하면 자연스럽게 사용할 수 있는 것이라고 말했다고 한다. 그의 생각이 정확히 어떠한지 알 수는 없으나, 적어도 내가 이해하기에 정신분석 이론을 제대로 이해하지 않은 채 테크닉만을 배우는 것은 마치 요령을 피우는 것과 같다는 생각이 들었다. 이제 내가 할 일은 프로이트의 텍스트를 제대로 해석해 내는 것이었다.

나는 프로이트의 텍스트를 정말로 열심히 읽었다. 나는 한국어로 번역된 프로이트의 전 저작을 외울 정도로 읽었다. 어디를 가든지 프로이트의 책을 항상 들고 다녔다. 이토록 열심히 읽었던 이유는 내가 프로이트의 생각을 거의 이해하지 못했기 때문이다. 이해할 수 없었기 때문에 나는 같은 책을 반복적으로 여러 번 읽을 수밖에 없었다. 그러다 보니 내용이 저절로 암기되었는데, 의외로 이 경험이 나에게 큰 도움이 되었다. 나는 프로이트가 어떤 논문의 몇 페이지에서 무슨 견해를 주장했는지에 대해서 이야기할 수 있었고, 프로이트의 사상이 어떻게 변화하는지 그 얼개를 그릴 수 있었다.

책의 내용을 외우고 있으니 분명 아는 척하기는 좋았다. 그러나 이러한 독해에는 명백한 한계가 있었다. 나는 프로이트의 문자를 외우고 있었지만 그가 실제로 무슨 말을 하고자 하는지는 알지 못했다. 나는 그저 검은 글자들, 그 구불구불한 검은 선을 이미지의 형태로 머릿속에 저장해 놓았을 뿐이었다. 그러다 보니 나는 프로이트의 거의 모든 텍스트의 핵심 내용을 외우고 있었지만 스스로 프로이트에 대해 알고 있다는 생각이 들지는 않았다. 원인을 생각해 보니 나의 독법에 문제가 있다는 생각을 지울 수 없었다. 프로이트를 읽기 시작했을 때 나는 프로이트를 '대각선'으로 읽었다. 눈은 그저 검은 글씨를 따라갈 뿐이었다. 그중에서 인상이 깊거나 내가 잘 이해하고 있는 구절, 혹은 유명한 구절들이 나오면 그것들에 주목했다.

이러한 문제점이 드러나자 나는 나의 독해 방법을 바꾸었다. 나는 프로이트의 텍스트를 '한 줄씩' 읽기로 결정했다. 한 문장, 한 문장 주의를 기울였고 내용이 이해되지 않으면 다음 문장으로 넘어가지 않았다. 이전에 내가 중요한 문장들에만 주의를 기울였다면 그때부터 나는 모든 문장에 동등한 가치를 부여했다. 이처럼 책을 읽다 보니, 나는 마치 정신분석가처럼 책을 읽고 있다는 생각이 들었다. 프로이트에 따르면 분석가는 환자의 말을 들을 때 '자유롭게 부유하는 집중력(attention flottante)'을 유지해야 한다. 만약 분석가가 선택적으로 주의 집중을 하게 된다면 다음과 같은 문제가 발생한다.

왜냐하면 어느 정도 이상으로 주의력을 의도적으로 긴장(집중)시키자마자 우리는 (환자가) 제공하는 재료를 대할 때 선택을 하게 되기 때문이다. 우리는 어떤 부분에는 특별히 강렬하게 매달리지만 대신 다른 부분은 간과하게 된다. 그리고 이러한 선택은 우리의 기대와 성향에 따라 이루어진다. 하지만 바로 이런 일은 일어나서는 안 되는 것들이다. 우리의 기대에 따라 선택이 이루어진다면 우리

가 이미 아는 것 이외의 것들은 아무것도 발견하지 못할 위험이 있다.[21)]

내 경험에 의하면 프로이트의 이 문장은 쉽게 오해될 수 있는 것 같다. 프로이트의 주장은 마치 분석가가 환자의 말을 한 귀로 듣고 한 귀로 흘리라는 것처럼 들리기 때문이다. 하지만 이는 사실이 아니다. 프로이트가 말하는 바는 주의를 선택 집중하지 말고 환자가 말하는 모든 것에 주의를 기울이라는 의미이다. 즉 분석가는 세션 내내 어느 정도의 집중을 유지하고 있어야만 한다. 나는 프로이트를 읽으면서 주의를 선택적으로 집중했다. 프로이트는 선택적인 주의 집중의 폐해에 대해 이미 위와 같이 말한 바 있다. 그러나 나는 나의 기대를 충족시키는 부분에만 집중했으며, 내가 이미 알고 있는 것 외에는 아무것도 발견할 수 없었다.

나는 프로이트의 방식을 적용해서 그의 저술을 읽기 시작했다. 이렇게 읽기 시작하자 문제가 발생했다. 프로이트의 텍스트가 너무나도 읽기 어려웠던 것이다. 내가 프로이트에 대해 알고 있다고 생각한 것, 그러니까 그나마 몇몇 문장에 대해 알고 있었다고 생각했던 것 역시 착각임이 드러났다. 그제야 나는 나의 독해 방법의 의미를 깨달았다. 내가 주의를 선택 집중했던 것은 프로이트에게서 이

---

21) 지그문트 프로이트, 이덕하 옮김, 「정신분석 치료를 행하는 의사에게 하고 싶은 조언」, 『끝낼 수 있는 분석과 끝낼 수 없는 분석』, 도서출판 b, 2004, p.49

해할 수 없는 부분들을 회피하기 위해서였다. 나는 모른다는 사실을 알기 원하지 않았기 때문에 이미 알고 있는 것들에 집중하며 스스로 '똑똑하다.'라는 기쁨을 누렸던 것이다.

분명 나의 독법은 '증상'이었다. 정신분석의 특징은 증상에 대한 연구가 그것에 대한 치료와 동일하게 이루어진다는 점에 있다. 내 증상의 의미가 밝혀지자, 나는 자연스럽게 이러한 태도를 보이지 않게 되었다. 읽다가 이해되지 않는 부분이 나오면 그 부분을 넘기지 않았다. 어떤 문장이나 단어 혹은 문단도 허투루 넘기지 않았다. 단어의 의미를 추적하고 문장과 문장의 구조를 분석하며 이해가 될 때까지 붙잡고 있었다. 나는 앞뒤 문장을 고려해서 '말이 되도록' 해석을 만들어 냈다. 도저히 해석되지 않을 때 나는 영역본을 참고했다. 영역본을 읽어도 해석이 되지 않는다면 불역본을 참고했다. 내가 영어나 불어를 잘하는 편은 아니지만, 해당 언어로 논문 전체를 읽는 것이 아니라 부분을 읽는 것이니 충분히 읽을 만했다.

모든 문장에 동등한 가치를 부여하자 프로이트가 새롭게 읽히기 시작했다. 프로이트가 실제로 말하고자 한 바가 무엇인지 해석되었던 것이다. 물론 그것이 사실은 아닐지라도 내 나름의 근거를 들며 설명할 자신이 생기기 시작했다. 프로이트가 읽히기 시작하면서 라캉의 텍스트도 조금씩 이해가 되었다. 프로이트가 읽히자 라캉이 굉장히 프로이트에게 충실했던 사람이라는 사실도 점점 알게 되었다. 물론 이것은 나의 주관적 해석이겠지만 프로이트라는 정신분석가에 대한 나름의 견해가 생긴다는 것은 충분히 유의미했다.

'알아간다'는 생각이 들면서 나는 그 작업을 계속하기로 결정했다. 나는 프로이트를 읽은 결과를 블로그에 기록하기도 했고 책으로 출간하기도 했다. 나는 빠르게 환자를 유치할 방법을 찾지 않았다. 대신 나는 프로이트를 제대로 읽는 데 시간을 들였다. 기초가 충분히 쌓이지 않는다면 언젠가는 무너질 것이라 생각했기 때문이다. 그동안 나는 낮에는 연구하고 밤에는 일을 하는 생활을 했다. 밤에 아르바이트를 했던 이유는, 밤에 일해야 낮에 공부할 시간을 확보할 수 있었기 때문이다. 나는 일을 하며 생활비와 연구실 유지비를 스스로 충당했다. 나는 대학원을 졸업한 이후로 이 생활을 7년 동안 했다. 간혹 환자들이 오면 환자들을 분석하는 작업도 병행했다.

나는 이 기간에 몹시 불안했다. 나는 나의 미래가 어떻게 될지 알 수 없었다. 프로이트를 열심히 읽는다고 해도 돈이 벌리지 않는다. 겨우 석사 학위 하나만 가지고 있는 내가 한국에서 정신분석가로 살아갈 수 있을까? 미래는 불투명했다. 불안감 때문에 그만두고 싶다는 생각도 많이 했다. 그러나 한번 하기로 결정했기 때문에 무를 수는 없었다. 나는 정말로 원하는 것을 하면서 살기로 마음을 먹었다. 정신분석이 끝날 때 어떤 불안 앞에서라도 나의 욕망을 포기하지 않을 것이라고 다짐했다.

그러던 어느 날이었다. 당시 나는 몇 개월간 진행해 온 사례를 마무리하고 있었다. 개인적으로 그 사례를 실패 사례라고 평가했다. 하지만 나는 그 사례가 왜 실패했는지 도저히 알 수 없었다. 나는 왜 그 사례를 제대로 이해하지 못하고 실패했던 것일까? 그러자 갑자기 내가 그동안 환자의 사례를 직접 분석하지 않았다는 생각이 들었다. 그때까지 나는 프로이트의 텍스트의 텍스트를 해석하는 데에는 집중했지만, 나의 사례를 직접 분석하여 글로 남기진 않았다. 나는 왜 그동안 사례를 직접 분석을 할 생각을 하지 않았을까? 사례 연구는 정신분석의 기본적인 연구 방법론인데 내가 이것을 너무 배제하고 있었다는 생각이 들었다.

이러한 생각이 들자 나는 사례를 직접 연구하는 작업에 착수했다. 이 작업의 결과물이 바로 내가 2022년에 출간한 『정신분석 임상에서 질문의 기능』이다. 이 사례가 종결된 상황을 간단하게 설명하자면 다음과 같다. 이 사례에서 나는 환자를 카우치에 눕히고 대화를 하는 방식을 택했다. 환자에게 자유 연상을 요구한 뒤 환자가 답을 하지 못하면 적극적으로 질문을 던지는 방식을 사용했다. 환자는 나의 질문에 답하려고 노력했으며, 나는 환자가 하는 말의 의미가 무엇인지 파악하며 의사소통을 이어 나가고자 했다. 나는 환자와 좋은 관계를 유지하고 있다고 믿었다.

그런데 이것은 나의 착각에 불과했다. 어느 날 내가 태도를 바꾸자 상황이 '급변'했기 때문이다. 나는 진정한 의미에서 환자에게 자유 연상을 요구했다. 나는 더 이상 환자에게 질문을 던지지 않았다.

그 이유는 환자가 주기적으로 '같은 증상'을 호소했기 때문이다. 이것은 환자가 말하지 못 하는 것이 있음을 뜻했다. 질문법으로는 다루지 못 하는 것이 있다는 생각이 들었다. 좀 더 정확히 말해 카우치에 누운 환자에게 질문하는 것 자체가 저항이라는 생각이 들었다. 나는 환자에게 질문하지 않을 테니 자유롭게 아무것이나 말해 달라고 요구했다.

내가 자유 연상을 요구하자 환자는 굉장히 혼란스러워했다. 환자는 '아파서 분석에 나올 수 없다.'라고 말한 후 분석을 일방적으로 종결했다. 나는 여기서 깨달았다. 환자와 나의 관계는 '좋지 않았다.' 그것은 겉보기에 좋았을 뿐, 환자는 실제로 나에게 그 어떤 중요성도 부여하지 않았다. 그 이후에 누적된 분석 경험은 이를 증명한다. 실제로 분석이 잘 진행되면 환자는 분석을 끝내는 것을 두려워하게 된다. 이것이 '전이'의 특징이다. 이는 나 역시 마찬가지였다. 그 환자가 그토록 아무런 두려움 없이 나와의 관계를 잘라 낼 수 있었다는 것은, 내가 대체 가능한 존재였다는 것을 의미한다. 이는 곧 나와의 관계에서 전이가 형성되지 않았음을 의미했다.

전이가 없다면 정신분석이 아니다. 그렇다면 왜 환자와 나의 관계 사이에는 전이가 형성되지 않았을까? 이유는 간단했다. 환자가 실제로 자기 자신을 드러내지 않았기 때문이다. 환자는 말하기 어려운 것이 생길 때마다 '생각나는 것이 없다'고 대답했고, 나는 그에 응답하며 환자가 생각해 볼만한 것들에 대해 질문을 던졌다. 환자는 내가 원한다고 생각하는 것들을 말했을 뿐 그 스스로에 대해서 말하지 않았다. 정신분석의 기법은 환자가 말하기 어려운 것에 부딪힐 때, 환자로 하여금 더 말하게 만드는 것이다. 이렇게 되면 환자는 자기 자신의 언어로 그것에 대해서 말하게 된다. 이것이 분석에서 핵심적인 과정 중 하나다. 구체적으로 질문을 던지는 것은 분석의 방법이 아니다. 내가 분석의 원칙을 요구하지 않을 때는 환자와의 관계가 유지되었다. 그러나 내가 분석의 원칙을 엄격하게 적용하자 환자는 바로 분석을 중단했다.

바로 이 지점으로부터 나는 프로이트가 '옳다'는 사실을 깨달았다. 환자가 분석을 중단한 것은 거기에 말할 수 없는 것이 존재하기 때문이다. 사실 머릿속에서 떠오르는 것이 아무것도 없는 경우는 없다. 방 안의 풍경에 대해서 말할 수도 있으며, 어제 본 드라마에 대해서 말할 수도 있다. 환자는 아무것이나 자유롭게 말할 수 있다. 그러나 그 환자는 아무것도 생각나는 것이 없다고 말했다. 생각나지 않는다는 말은 '말하고 싶지 않다.'라는 말과 같다. 즉 '말하고 싶지 않은 것'이 걸려든 것이다. 그렇다면 그에게 말하고 싶지 않은 것이란 과연 무엇일까? 그것은 알 수 없다. 그 환자는 그것들을 말하지 않고 분석을 끝내 버렸기 때문이다. 이것은 그 환자가 말할 수 없는 것에 대해서 취하는 태도를 보여 준다. 해당 환자는 말할 수 없는 것을 말하는 대신 상대방이 듣길 원하는 말을 하는 패턴을 가지고 있었다.

나는 어느 사람으로부터도 정신분석을 하는 법을 전수받지 못했다. 정신분석을 어떻게 하는 것이 옳은지 가르쳐 주는 선생은 없었다. 이것은 나의 콤플렉스였다. 나에겐 나를 지도해 주는 선생이 없었고, 나의 연구를 보증해 주는 기관도 없었다. 나는 단지 정신분석을 하고 싶었을 뿐이며, 이를 위해 프로이트를 읽고 그것을 실천하는 방법을 현실에서 찾았다. 그리고 나는 실제로 분석하는 법을 찾아냈다. 나는 환자를 분석하면서 무의식과 저항이 어떻게 나타나는지를 목격했으며, 저항을 돌파할 방법을 알아냈다. 내가 경험하는 것들이 프로이트의 텍스트에 쓰여 있는 것을 볼 때면 감격스러운 생각이 들었다.

지금에야 나는 내 실천에 자신감을 가지고 있지만 과거에는 그렇지 못했다. 스스로 프로이트를 읽으며 기초를 쌓아 가던 시간 동안 나는 스스로도 무의미한 행위를 하고 있다고 생각했다. 시간이 지나고 나서야, 나는 스스로에 대한 자책이 선생, 즉 아버지 대리인의 부재와 이어져 있다고 생각할 수 있게 되었다. 정신분석학과 관련하여 나는 아버지 없는 자식이라고 할 수 있었다. 내가 믿고 따랐던 사람은 이미 죽은 아버지인 프로이트였다. 나를 이끌고 가르쳐 준 사람이 부재했기 때문에 내가 '아버지 콤플렉스'를 겪었다고 할 수 있다. 그러나 이 아버지의 부재야말로 발명의 원인이다. 아버지가 부재할 때 우리는 분명 혼란을 겪고 방황하게 된다. 하지만 그 방황하는 경험이야말로 우리를 우리 자신이 되게 만드는 것이라는 사실을 나는 알게 되었다.

정신분석의 재발명은 아버지의 도움 없이 정신분석을 제로로부터 완전히 새롭게 만들어 내는 것을 의미한다. 그 이유는 경험으로 터득하지 못한 지식은 결코 우리의 것이 되지 못하기 때문이다. 정신분석은 결코 '전수'될 수 없다. 정신분석은 오직 재발명되는 방식으로서만 진정한 의미를 획득한다. 라캉은 정신분석의 재발명에 대해 말한 바 있다. 1978년 라캉은 "각각의 분석가는 정신분석을 재발명하도록 강요되어야 한다(chaque psychanalyste soit forcé-puisqu'il faut bien qu'il soit forcé-de réinventer la psychanalyse)."라고 말했다. 이 말의 의미는, 정신분석을 발명하기 위해 각 분석가는 아버지의 품을 떠나야 한다는 것을 의미한다.

Part 6

정신분석의 화신

정신분석을 하는 방법을 스스로 알아낸 뒤로 나의 태도는 점차 변하기 시작했다. 이 변화의 속도는 굉장히 빨랐다. 나는 정신분석에 대해 진정으로 알고 있는 사람이 나 자신이라는 생각을 하게 되었다. 그전까지 없었던 확신을 가지게 되었다. 분명 그 이전의 나는 정신분석을 하는 방법에 대해서 확신할 수 없었다. 정신분석을 하는 방법은 저곳에 존재한다고 생각했기 때문이다. 한국에서 정신분석학을 가르치는 수많은 전문가들, 그들이 정신분석의 방법을 알고 있다고 생각했다. 그러나 내가 정신분석의 방법을 알아낸 이후로 나는 정신분석은 거기에 없다는 입장을 취하게 되었다.

무엇보다 나는 나의 분석 경험이 중요하다는 생각을 하게 되었다. 정신분석을 하는 방법은 다른 누군가가 알고 있는 것이 아니라, 바로 나 자신의 무의식이 알고 있다. 분석을 하기 위해서는 무의식이 가르치는 내용을 잘 따라가야 한다. 이렇게 생각하게 되자 점차 타자의 지식을 대하는 나의 태도 또한 변하기 시작했다.

과거의 나는 프로이트와 라캉의 텍스트에는 분석의 진리가 담겨 있고, 분석가가 되기 위해서는 그것들을 제대로 이해해야만 한다고 생각했다. 프로이트와 라캉의 텍스트는 분명 정신분석에서 근본 텍스트인 것은 사실이다. 그러나 문제는 내가 그 텍스트를 대하는 태도에 있었다. 그곳에 진리가 있다고 생각하니 나는 모른다는 생각으로부터 벗어날 수 없었다. 책에 제대로 쓰여져 있는 내용이 아니면 제대로 행동할 수가 없었고, 임상 실천에 있어서 스스로에 대한 의심을 떨칠 수 없었다.

나는 나의 분석가가 항상 옳다고 가정했던 것처럼, 책을 읽을 때에도 책이 옳고 나는 틀렸다는 입장을 취했다. 이것은 일종의 반복강박(compulsion de répétition)이었다. 그러나 내가 환자를 받으면서 임상 경험을 쌓아 나가다 보니 입장이 바뀌었다. 어느 순간부터 나는 내가 하는 것 자체가 곧 정신분석이라는 생각이 들었다. 이렇게 되니 나는 임상을 할 때는 모든 지식을 잊고 자유롭게, 나의 무의식이 이끄는 대로 실천하게 되었다. 분석 시간에는 지식에 대해서 모든 것을 잊고서 환자와 대화를 하는 데 집중한다. 그리고 텍스트

읽기는 분석이 끝난 후에야 시작된다. 분석이 끝난 후 나는 환자와 나 자신을 분석하고, 텍스트를 읽으며 나의 경험이 프로이트-라캉적 관점에서 어떻게 이해될 수 있는지 살펴본다.

내가 하는 것이 곧 정신분석이라는 생각을 하게 되자, 나는 내가 과대망상증에 빠진 환자라고 생각했다. 그래서 한동안 이 생각을 '무의미한 것'으로 간주했다. 나는 그 생각을 타인들에게 말할 수 없다고 생각했고 철저히 감춰야 한다고 보았다. 그러던 어느 날 나는 이것이 '저항'이라는 사실을 알게 되었다. 말할 수 없는 것에 근접하기 시작하자 나는 스스로 무엇인가를 감추기 시작했다. 이것은 저항의 특성이 무엇인지 보여 준다. 정말 신기하게도 아무리 분석을 오랫동안 분석을 한 분석가라고 하더라도 자신의 무의식적인 진실에 근접할 때는, 그간 획득한 모든 경험과 지식을 잃어버린 듯 저항하기 시작한다.

만약 나의 환자가 이와 같은 반응을 보인다면 어떨까? 당연하게도 나는 그것들은 말해져야 하고 거기에도 어떤 의미가 있다고 말해 주었을 것이다. 나에게 환자는 나 자신이었다. 나는 나를 환자처럼 대했다. 즉 과대망상처럼 보이는 생각은 무의미한 것이나 비현실적인 것으로 간주되어선 안 되며, 어떤 의미를 가진 무엇으로 다루어져야만 한다.

도대체 나는 왜 내가 실천하는 것이 곧 정신분석이라는 생각을 하게 된 것일까? 그 이유는 나의 경험이 프로이트가 말했던 그것과 동일하다는 사실이 확인되었기 때문이다. 나의 분석 경험은 역전이를 다루는 것과 무관하지 않았다. 환자를 받다 보면 분석가는 심각한 역전이(contre-transfert)를 경험한다. 분석할 때는 무감정의 태도를 유지하니 별다른 느낌을 받지 못한다. 하지만 분석이 끝나게 되면 달라진다. 분석 동안 억제된 역전이는 그날의 분석이 끝나고 다음번 환자와의 약속 사이에 나타난다. 감정이 요동치고 불안해진다. 분석가는 자신이 왜 그러한 상태에 빠지게 되었는지 이해하지 못한다. 프로이트와 라캉의 가르침에 따르면 이러한 역전이는 최대한 억제해야 하고 그것들을 분석해야 한다.

역전이는 환자의 전이적 환상의 내부에 분석가가 위치하게 될 때 발생하는 현상이다. 여기서 분석가는 자신의 인격이 파괴되거나 조종당하는 듯한 느낌을 경험한다. 그 이유는 환자가 무의식적으로 분석가를 리비도적 대상(objet libidinale)으로 위치시키기 때문이다. 대상은 주체의 만족을 위해 이용되는 타자다. 이러한 대상화는 타자의 타자성을 배제하기 때문에 대상화되는 타자는 필연적으로 불쾌감을 경험하게 된다. 리비도에는 항상 파괴적인 속성이 동반된다.[22]

---

22) Serge André, 『Les perversions 1: Le fétichisme』, LaMuette, 2013, pp.71~72

분석에서 분석가는 무의식적인 수준에서 주체의 대상이 되고자 하는 욕망을 경험한다. 이것이 분석가의 욕망이다. 분석가의 욕망은 개인으로서 분석가가 가진 욕망을 의미하는 것이 아니라 주체와 만나는 한에서 분석가에게 경험되는 욕망이다. 개별 주체가 가진 욕망에 따라 분석가의 욕망은 모두 다른 방식으로 나타난다. 그 이유는 분석에서 주체와 무의식이 연결되어 하나의 장— 환상—에 위치하기 때문이다. 따라서 분석에서 분석가가 무의식적으로 경험하는 욕망은 환자의 무의식에 대해 알려 주는 매우 귀중한 단서다. 분석가는 주체가 위치시키는 자리에 순응적으로 위치할 수 있어야 한다.

문제는 이때 분석가가 불쾌감을 경험할 수 있다는 점이다. 분석 주체의 전이에 대해 분석가가 느끼는 불쾌감이 바로 '역전이'다. 역전이는 분석가의 남아 있는 자아가 분석 주체의 대상이 되길 거부하면서 나타나는 불쾌 반응이다. 분석가가 제대로 기능하기 위해서는 주체와 연결을 방해하는 자아가 사라져야 한다. 분석가에게 있어서 자아는 증상이며, 이러한 증상은 분석을 통해 해소될 수 있어야 한다.

나는 분석 중에 역전이를 행위로 나타내지 않기 위해 최대한 노력했고 더 나아가 분석하려고 했다. 나의 분석은 환자와 분석을 하면서 이어졌다. 이것은 자기 분석이지만 엄밀히 말하자면 혼자 한 것은 아니다. 환자들에 의해 자극받은 나는 그 자극의 결과들을 분석하려고 노력했다. 이것을 강조하는 이유는 엄밀히 말해서 홀로 하는 분석은 불가능하기 때문이다. 분석은 언제나 둘 사이의 관계 안에서 이루어진다. 뿐만 아니라 내가 노력했다고 말한 이유는 이와 같은 자기 분석 과정이 결코 쉽지 않았기 때문이다. 아무리 분석하려고 해도 쉽게 답이 나오지 않는 경우들이 많았다.

보통 분석이 제대로 이루어지지 않는 경우에는 연상이 쳇바퀴를 돌듯이 반복되는 경우가 많다. 이때 주체는 매우 고통스러운 감정을 느끼게 된다. 나 역시 나의 분석이 잘되지 않을 때 '이것을 해 보았자 무엇이 달라질까?' 하는 회의감을 경험했던 적도 있다. 분석의 핵심은 이러한 심리적 장벽을 넘어서는 것이다. 이는 수없이 좌절에 부딪히지만 자기 분석 작업을 계속하다 보니 알 수 있었던 사실이다. 포기하지 않고 계속해서 하다 보면 결국에는 분석된다.

나에게는 이 자기 분석 과정이 매우 중요했다. 역전이가 분석되면서 나는 조금씩 분석가로서 '성장'하고 있다고 느꼈다. 환자를 대하는 태도가 점차 자연스러워지고 여유가 생겼다. 무엇보다 자기 분석을 하면서 발생했던 큰 효과 중 하나는 반복되던 생각이 점차 물 흐르듯이 흘러가고 그것들을 말로 표현을 하는 데에도 거침이 없어졌다는 점이다. 내적인 금기가 점차 사라져 갔다. 나는 분석 임상에서 자유로웠다. 나는 환자의 연상을 듣고 그에 반응하여 나의 무의식이 흘러가는 대로 내버려둘 수 있었다. 나는 환자가 하는 모든 이야기를 듣고 의사소통하며, 환자가 나에게 말해 주는 모든 것을 분석 자료로 활용할 수 있었다. 이것은 프로이트가 분석가에게 요구했던 태도 그 자체였다.

    피분석자가 선택하게 만드는 모든 논리적, 감정적 이의 제기를 억제하고 자기 관찰에 포착된 모든 것을 이야기해야 하는 것처럼 의사는 피분석자가 한 이야기 모두를 해석의 목적을 위해, 즉 숨겨진 무의식을 알아내는데 사용해야 한다. 그렇지 않으면 환자가 기껏 선택하지 않고 들려준 내용을 의사 자신의 검열에 의한 선택에 맡기는 꼴이 되고 만다. 이것을 정식화하면 다음과 같을 것이다. 의사는 자신의 무의식이, 감각 기관처럼, 송신하는 환자의 무의식을 향하도록 해야 한다. 즉 전화기의 수화기가 (상대편 전화기의) 송화기에 맞춰 조율되듯이 자신을 피분석자에 맞춰 조율해야 한다. 수화기가 음파에 의해 만들어져서 전화선을 타고 온 전기 신호를 다시 음파로 바꾸어 주듯이 의사의 무의식은 환자가 이야기해 준 무의식의 파생물로부터 환자의 연상을 결정했던 그 무의식을 재구성할 수 있다.[23]

나는 분석에서 텅 빈 상태로 존재했다. 카우치 뒤편에 앉아 환자의 이야기를 듣고, 그에 반응하여 나의 무의식이 흘러나오도록 만

---

[23] 지그문트 프로이트, 이덕하 옮김, 「정신분석 치료를 행하는 의사에게 하고 싶은 조언」, 『끝낼 수 있는 분석과 끝낼 수 없는 분석』, 도서출판 b, 2004, pp.54~55

들었다. 나는 거리낌이 없었다. 내가 분석을 위해 나의 무의식을 활용하기 시작하면서 나는 두 가지 사실을 알게 되었다.

첫 번째, 분석에서 저항하는 사람은 정신분석가다. 정신분석가의 저항은 분석의 진행에 심각한 영향을 미친다.

두 번째, 정신분석 문헌은 정신분석가의 무의식에 의해서 만들어진 것이다. 환자로부터 연상을 듣고 분석가에게 어떤 변화와 지식이 도래하고 그것들이 글과 말로 표현된 것이 바로 정신분석 문헌이다.

분석 경험이 쌓일수록 나는 점차 정신분석의 텍스트에 담겨 있는 진정한 의미를 파악하고 있다고 느꼈다. 프로이트는 물론이거니와 라캉 그리고 밀레도 마찬가지였다. 내가 분석실에서 경험했던 것들이 책에 쓰여 있었다. 더 나아가 나는 머릿속에 파편적으로 떠오르는 생각들에 대해서 연상을 이어 나갔는데, 그러한 사유의 흐름이 라캉과 밀레의 글에 반영되어 있는 것을 확인했던 경우도 적지 않았다. 점차 나는 나의 실천에 대해 자신감을 가지게 되었다.

나의 이 경험을 단순히 병리적인 것으로 간주하지 않는다면, 그것의 의미는 무엇인가? 나의 자신감이 증상이라면, 증상은 무엇을 의미하는가? 나의 증상은 내가 나의 무의식을 드러내는 과정이 곧 정신분석이라는 사실을 알려 주었다. 정신분석은 다른 것이 아니다. 정신분석은 무의식으로 하여금 말하게 만드는 것이다. 또한 이 과정을 통해 나는 타자의 장에 존재하는 정신분석의 흐름과 연결되어 있다고 느꼈다. 나 외에도 다른 사람들이 무의식으로 하여금 말하게 하고 있었다. 나는 내가 거친 이 과정을 저들이 이미 거쳤다는 것, 프로이트, 라캉 그리고 밀레가 거쳐 간 과정을 나 역시 동일하게 반복하고 있다는 생각이 들었다.

나의 경험은 분명 과학적으로 검증될 수 없다. 나의 확실성은 망상에 가까운 것임에 틀림없다. 나에게는 확실성을 갖는 경험이지만 타인에게는 어떻게 비칠지 알 수 없다. 그렇다면 이러한 확실성은 고쳐져야 하는 질병인 것인가? 어떤 이들의 관점에서 보자면 그럴 수 있지만, 정신분석적 관점은 이것과 다르다. 이러한 증상과 동일시하는 것이 라캉이 말했던 정신분석의 끝에 도달하는 것이다. 라캉에 따르면 정신분석가의 욕망이란 이러한 확실성을 획득하는 과정이다. 이 때문에 라캉은 "정신분석가는 자신의 행위에 대한 확실성과 법을 만들어 내는 틈을 찾아내야만 한다."라고 말했다.[24]

자크 알랭 밀레는 2021년 「L'écoute avec et son interprétation」이라는 제목의 세미나를 진행했다. 이 세미나에서 그는 흥미로운 이야기를 한다. 그에 따르면 동양인은 서구 유럽인과 정신 구조 자체가 다르므로, 동양에서 '전수'라는 방식으로는 정신분석이 발전하는 것이 불가능하다고 한다. 전수란 무엇일까? 전수는 기술이나 지

---

24) Jacques Lacan, 「La méprise du sujet supposé savoir」, 『Autres Écrits』, SEUIL, 2001, p.338

식을 타인에게 전해 받는 것을 뜻한다. 즉 정신분석에 대해 이미 알고 있는 자가 정신분석을 모르는 자에게 지식과 경험을 전하는 것이 전수다.

밀레의 말에 따르면, 정신분석의 전수는 같은 언어 구조를 갖는 문화권 내에서만 가능하다. 그런데 유럽과 동양은 언어 구조가 다르다. 언어 구조의 차이는 정신적 구조의 차이를 만들어 내기 때문에, 밀레는 동양에서 정신분석이 발전하기 위해서는 그 지역에서 프로이트나 라캉 같은 인물이 나타나야 한다고 말한다. 그에 대한 예시로 밀레는 중국에서 정신분석의 발전이 어렵다고 말한다. 그에 따르면 중국에서 정신분석이 발전하기 위해서는 중국의 프로이트, 중국의 라캉이 나타나야 한다.

이 말은 정신분석이 전수되는 것이 아니라 발명되어야 한다는 것을 뜻한다. 만약 밀레의 말이 옳다면 한국에는 한국의 프로이트, 한국의 라캉이 필요하다. 내가 한국의 프로이트나 한국의 라캉이 될 수는 없는 것일까? 실제로 나는 종종 내가 바로 정신분석이라는 상념에 사로잡히고는 했다. '한국의 정신분석은 나로부터 시작될 것이다.' 이 생각을 다른 사람들에게 쉽게 털어놓을 수는 없었다. 앞서 말했듯 과대망상처럼 보이는 면이 있었기 때문이다. 그러나 나는 적어도 밀레의 말에는 동의할 수 있었다. 정신분석은 수입될 수 없다. 한국에서 정신분석을 외국으로부터 수입해 오려는 시도는 많았지만 그것은 모두 이렇다 할 성과를 내지 못했다.

한국에서 정신분석은 수많은 치료 기술 중 하나로 간주할 뿐이었다. 외국에서 정신분석을 배워 온 사람이 정신분석을 하는 방법을 가르치고 학생들은 그것을 배운다. 외국의 중요 저술들을 번역하고 그것들을 읽고서 현장에 적용한다. 한국에서의 정신분석은 언제나 외부에 선진 지식의 존재를 간주하고서는 그것을 임상에 적용하는 문제로 환원되었다. 이것은 한국에서 정신분석이 치료 기술로서 간주된다는 것을 뜻한다. 그러나 정신분석은 치료 기술이 아니다. 정신분석은 학문이다. 정신분석은 심리 치료를 위한 곁가지 기술이 아니라 그 자체로 매우 중요하고 진지한 것으로 대해져야 하는 하나의 학문이다.

무엇보다도 정신분석은 인간의 정신적 구조를 연구하는 학문이다. 정신분석을 치료 기술화하는 것은 정신분석의 학문적 성격을 배제하는 것과 같다. 정신분석의 기술들이 만들어지기 위해서는 인간 정신에 대한 이론이 필요하다. 치료 기술이라는 것은 정신분석적 지식을 보유하고 있는 사람이 자연스럽게 행동하면서 나타나는 어떤 것이다.

나는 여기서 적용과 실천을 구분하고자 한다. 적용이 우리가 옷을 입듯이 우리의 겉에 지식을 덧씌우는 것이라면, 실천은 우리의 몸에 체화된 지식이 자연스럽게 바깥으로 드러나는 것을 의미한다. 정신분석은 후자의 방향을 지향해야 한다. 왜 그럴까? 그 이유는 간단하면서도 매우 중요하다. 정신분석은 분석가와 분석 주체 간의

'즉흥적인' 대화로 이루어지는 측면이 있다. 분석가와 주체 사이의 대화는 어떻게 진행될지 알 수 없다. 분석가는 환자를 받을 때 어떤 종류의 매뉴얼과 전략을 미리 준비할 수 없으며, 분석가는 환자의 말을 듣고 '떠오르는 대로' 말하게 된다.

이 과정에서 정신분석가는 환자의 무의식에 대해서 자신의 무의식을 드러내는 방식으로 말하게 된다. 즉 분석가의 말은 정신분석가의 '무의식적 사고'를 반영한다. 환자는 분석가가 의도하는 말이 아니라 분석가의 말을 통해 전달되는 무의식이라는 차원에 의해서 영향을 받는다.

만약 어떤 분석가가 무의식적으로 동성애적 욕망을 혐오한다고 해 보자. 그렇다면 그는 동성애적 욕망으로 인해 고통받는 환자를 받을 수 없다. 분석가가 아무리 친절하게 대한다고 하더라도 무의식적으로는 그러한 환자를 혐오하는 태도를 보일 것이기 때문이다. 정신분석가의 자질은 의식적 수준이 아니라 무의식적 수준에서 평가되어야 한다. 분석에서 분석가는 자연스럽게 말할 수 있지만, 그것이 아무 말이나 해도 된다는 것을 의미하지 않는다. 분석가는 존재의 수준에서, 즉 무의식적 수준에서 분석적인 원칙에서 벗어나 있어서는 안 된다.

이것을 위해 필요한 것이 바로 체화다. 정신분석적 지식이 몸에 완전히 배어서 자신의 것이 되어야 한다는 뜻이다. 만약 분석가가 정신분석적 지식을 체화하지 못했다면 어떻게 될까? 분석가는 주체의 말에 대해 비분석적인 말들을 하거나, 자신의 자의에 따라 행동하게 될 가능성이 아주 크다. 혹은 분석가는 자신의 생각들을 끊임없이 검열하게 된다. 그러한 정신분석가는 매우 억제되고 부자연스러운 방식으로 행동하게 된다. 이것들은 모두 정신분석가에게서 나타나는 저항이라 할 수 있다. 정신분석가가 저항하는 것은 환자가 저항하는 것보다 분석에 굉장히 부정적인 영향을 미치게 된다. 따라서 분석가는 분석가로 기능하기 이전에 자신의 저항을 해소해야만 한다.

만약 의사가 그 자신의 무의식을 이런 식으로 분석을 위한 도구로 사용하길 바란다면 그 자신이 아주 많은 심리적 조건을 만족시켜야 한다. 그는 자기 자신 안에서, 자신의 무의식에 알려진 어떤 것이 의식화되는 것을 가로막는 저항을 어떤 것도 용납해서는 안 된다. 그런 저항이 있다면 새로운 종류의 선택과 왜곡이 일어나는데 이것은 의식적 주의력 긴장(집중)에 의한 것보다 훨씬 더 분석에 해롭다.

이를 위해서는 의사가 대체로 정상적인 사람인 정도로는 부족하다. 의사 자신이 정신분석적 정화를 거쳐야 하며 피분석자가 제공하는 것(피분석자가 이야기한 것)을 파악할 수 없도록 방해하는 그 자신의 콤플렉스들을 알아내야 한다. 분명 의심의 여지 없이 의사 자신에게 그런 결함이 있다면 그는 (분석가로서의) 자격에 미달한다고 할 수 있다. 의사에게 존재하는 모든 해결되지 않은 억압들은 쉬테켈이 적절히 표현했듯이 그의 분석적 지각에서의 "맹점"이라고 할 수 있다.[25]

프로이트에 따르면 정신분석가는 자신의 억압을 해소해야 한다. 분석가가 자신의 억압을 해소하지 않으면 이는 분석에 대한 저항으로 나타난다. 분석가는 자신의 지각에 나타나는 모든 것을 분석하기 위해 활용해야 하는데, 억압된 분석가는 그렇게 할 수 없기 때문이다. 프로이트는 매우 강한 어조로 억압된 분석가는 정신분석가로서의 자격에 미달이라고까지 표현한다. 그렇다면 여기서 의문이 생긴다. 정신분석가로서의 자격은 지식으로부터 오는 것인가? 아니면 억압의 해소인가? 정신분석은 억압을 해소하는 작업이다. 분석가에게 정신분석은 단순히 이론적 지식의 집합이 아니다. 만약 분석가에게 필요한 지식이 있다면 그것은 '실천적 지식'이다.

실천적 지식. 이 지식은 정신분석 문헌에 쓰여 있는 이론적 지식이 아니다. 분명 정신분석에는 수많은 이론이 존재하며 그것들은 중요하다. 그러나 그것들은 실천적 지식보다는 부차적으로 중요할 뿐이다. 분석가에게 정말로 필요한 지식은 다음과 같다. 자신의 내부에서 심리적 갈등과 불쾌함이 발생했을 때, 그것이 '아직 분석되

---

25) 지그문트 프로이트, 이덕하 옮김, 「정신분석 치료를 행하는 의사에게 하고 싶은 조언」, 『끝낼 수 있는 분석과 끝낼 수 없는 분석』, 도서출판 b, 2004, pp.55~56

지 않은 것'의 등장임을 알아차리는 것. 자기 분석했음에도 동일 증상이 나타난다면 아직 분석되지 않은 것이 있음을 의미한다는 것. 분석이 성공적으로 이루어지면 증상이 해소된다는 것. 이처럼 분석가에게 필요한 실천적 지식이란, 아직 분석되지 않은 것이 존재한다는 사실을 아는 것이고, 분석의 방법을 통해서 그것들을 알아냄으로써 효과를 볼 수 있다는 것이다.

아직 분석되지 않은 것이란 바로 무의식을 말한다. 분석가는 무의식의 존재에 대해서 알아야 한다. 그리고 분석의 방법을 통해서 어떤 종류의 효과를 경험할 수 있다는 사실을 알아야 한다. 이 실천적 지식을 통해서 분석가는 부단히 자기 자신을 분석해야 한다. 프로이트는 이것을 정신분석가의 조건이라 말했다.

수습생이 무의식의 존재에 대해 확신하게 되고 억압된 것이 떠오르는 것에서 보통 때는 믿지 않았던 것을 자기 관찰하게 되고 분석 작업에서 유일하게 쓸모 있음이 입증된 기법을 처음으로 맛보게 되었다면 이것의 역할(인용자 주: 개인 분석)은 끝난 것이다. 이것만으로는 지도가 충분히 이루어졌다고 할 수 없다. 하지만 우리는 자기 분석에서 얻은 자극이 그것이 끝남과 함께 사라지지 않을 것이며 자아 수정 과정이 피분석자에게서 자발적으로 계속될 것이며 이 자아 수정 과정이 이후의 모든 경험을 새로 얻은 의미 속에서 이용할 것이라는 것에 기대를 걸 수 있다. 이런 일은 실제로도 일어나

며 이런 일이 일어나는 한 피분석자는 분석가로서의 능력을 갖추게 된다.[26]

매일매일 정신분석을 실천하는 사람이 정신분석가다. 여기서 실천이란, 타인을 분석하는 것이 아니다. 사람들은 흔히 정신분석가는 타인을 분석하는 사람이라 말하지만, 사실은 그 반대다. 정신분석가는 스스로를 매일 분석하는 사람이다. 정신분석가는 끝없는 분석의 작업을 누가 시키지 않는다고 하더라도 스스로 할 수 있어야 하며, 이 자발성이야말로 정신분석가의 조건이라고 할 수 있다. 프로이트에 따르면 정신분석가를 결정하는 것은 그가 습득한 이론적 지식이 아니다. 프로이트의 관점에서 분석가는 실천적 차원에서 정의된다.

프로이트는 정신분석가가 무의식과 정신분석에 대해 확신(convition 혹은 certitude)을 가지고 있어야 한다고 말한다. 분석가는 무의식이 존재한다는 사실에 대해서 틀림없이 '알고 있어야 한다.'라는 것이다. 하지만 분석 경험은 정신분석가가 이러한 확신을 가지는 것이 쉽지 않다는 사실을 알려 준다. 여러 해 동안 분석을 받은 주체들도 저항에 부딪히게 되면 무의식과 정신분석에 대한 확신을 잃어버리게 된다. 이 상황에서 분석가가 하는 일은 작업이 계

---

26) 지그문트 프로이트, 이덕하 옮김, 「끝낼 수 있는 분석과 끝낼 수 없는 분석」, 『끝낼 수 있는 분석과 끝낼 수 없는 분석』, 도서출판 b, 2004, pp.371~372

속될 수 있도록 주체를 대신하여 무의식에 대해서 보증하는 것이다. "거기에 틀림없이 무의식이 존재합니다." 분석가에게 무의식과 정신분석에 대한 확신이 없다면 이러한 보증은 불가능하다.

  분석 주체는 무의식이 정말로 존재하는지, 분석을 하게 되면 거기에서 무엇인가 밝혀질 수 있을지 알지 못한다. 분석 주체가 분석을 진행한다면 그것은 분석가를 향한 신뢰 때문이다. 분석 주체에게 있어서 무의식은 분석가를 향한 믿음에 의해 지탱되는 성질을 갖는다. 분석가를 향한 믿음, 신뢰가 바로 전이이다. 전이 없이는 분석도 없다. 그러므로 분석가를 향한 믿음에 의해 지탱되는 무의식은 전이적 무의식이라 할 수 있다. 분석가를 향한 전이는 분석의 동력이다.

  그러나 전이는 분석의 방해 요소가 되기도 한다. 이유는 간단하다. 분석가를 향한 전이가 사라진다면 분석 주체는 더 이상 분석하지 않을 것이기 때문이다. 더 나아가 분석가를 향한 전이가 사라진 상태에서 환자는 분석의 가설과 분석을 통해 얻은 성과 모두를 잊은 것처럼 행동하게 된다. 따라서 어떤 주체가 정신분석가가 되기 위해서는 근본적인 변화가 일어나야 한다. 주체가 분석가를 믿는 것으로는 불충분하다. 분석 주체가 분석가로서의 능력을 획득하기 위해서는 분석가에 대한 믿음 없이도 무의식에 대한 확신을 가질 수 있어야 한다. 나는 이러한 형태의 무의식을 '실재적 무의식(inconscient réel)'이라고 말한바 있다.

그렇다면 어떻게 전이적 무의식은 실재적 무의식으로 대체될 수 있는가? 어떻게 해서 주체는 분석가를 향한 신뢰 없이도 자신의 무의식과 대면할 수 있는가? 분석가의 도움 없이 자기 자신을 분석하는 주체는, 증상과 대면했을 때 스스로에게 분석의 원칙을 제시한다. 이것은 그 주체가 정신분석에 대해서 전반적으로 이해하지 못하고 있다면 불가능하다. 특히 주체가 '무의식에 접근하는 방법'을 익히지 못했다면 분석가의 존재 없이 분석하는 것은 절대 불가능하다. 전이적 무의식에서 실재적 무의식으로의 전환은 스스로 분석하는 법을 알게 될 때 발생한다.

내 경험에 따르면 이 과정에서 주체에게서는 알고 있다고 가정된 주체에 대한 경멸(méprise du sujet supposé savoir)이 발생한다. 정신분석과 무의식에 대해 알고 있다고 생각했던 분석가의 권위가 실추된다. 주체는 분석가가 무의식과 정신분석에 대해 잘 모른다고 생각하게 되는 것이다. 이는 분석가가 진리를 말하는 자리에서 내려오게 됨을 의미한다. 분석의 초반부에 주체는 분석가가 정신분석 자체를 대표한다고 믿는다. 하지만 분석가는 정신분석을 대표하는 인물이 아니라 의견을 가진 한 명의 개인에 불과하다. 따라서 이 사실을 알게 된 주체는 분석가의 의견에 완전히 사로잡히지 않고 그의 해석에 의존하지 않는다. 대신 주체는 스스로 해석을 고안해 내는 방향으로 나아가게 된다. 이것은 주체가 정신분석을 발명하는 과정이라고 할 수 있다.

프로이트는 실재적 무의식과 대면하고 자기 자신을 분석함으로써 정신분석을 발명했다. 프로이트가 정신분석가에게 요구하는 것은 바로 이러한 발명의 과정이다. 정신분석가의 욕망은 저항이 발견되는 곳에서 물러서지 않고 더 나아가고자 하는 욕망이며 정신분석의 끝에 도달하고자 하는 욕망이다. 정신분석 과정을 통해서 이러한 분석가의 욕망을 획득한 이들을 라캉 정신분석에서 A.E라고 부르는 것이다. A.E는 알고 있다고 가정된 주체의 실추를 직접 경험한 인물들이다. 이들은 자신이 알고 있다고 가정된 주체와 동일시할 수 없음을 알고 있다. 이것은 분석가가 분석하는 태도로 연결된다. 분석가는 성급하게 해석하는 대신 인내심을 가지고 환자의 말을 듣게 되며, 환자가 분석가의 해석을 받아들이지 않을 때 환자를 비난하기보다는 더 나은 해석이 무엇일지 고심하게 된다. 말하자면 분석가는 겸손한 태도를 가질 수 있게 되는 것이다.

프랑스어로 겸손은 humilité라고 한다. humilité에는 겸손, 겸양이라는 뜻뿐만 아니라 비천함이라는 의미도 있다. 정신분석의 끝에 도달한 분석가는 그 스스로 비천한 존재가 되길 마다하지 않는다. 우리가 타인에 의해 비천한 존재가 될 때 느끼는 감정이 바로 수치심이다. 수치심은 humiliation이라고 한다. 스스로 낮아지고 싶지 않지만 타자에 의해 강제로 낮춰지게 되면 수치심이 발생한다. 하지만 주체가 스스로 낮아지길 원한다면 그것은 겸손과 겸양이라는 미덕이 된다. 이렇게 해서 우리는 정신분석가가 어떠한 존재인지를 알 수 있다. 정신분석가는 알고 있다고 가정된 주체가 아니라 스스로 비천한 대상(abject) 혹은 쓰레기(déchet) 같은 대상과 동일시하는 존재다.

프랑스의 정신분석가인 엘렌 보노(Hélène Bonnaud)는 2018년 「통과에서 전수와 작업(Travail et transmission dans la passe)」[27]이라는 제목의 논문을 출간했다. 이 논문에서 저자는 A.E들이 정신분석의 화신(incarnation de la psychanalyse)이라는 말을 한다. 그에 따르면 A.E는 단순한 사람이 아니라 정신분석 그 자체이며, 정신분석에 육체가 부여된 형태라고 한다. 이 말은 단순히 외부인이 보기에 그렇다고 평가된다는 것이 아니라, 분석 주체가 스스로를 그렇게 경험한다는 뜻이다.

당연한 말이겠지만 프로이트는 정신분석을 발명할 때 자신으로부터 정신분석이 시작된다고 생각했다. 내 경험에 의하면, 어떤 주체가 진정으로 분석가가 된다면 이와 동일한 느낌을 받게 된다. '내가 바로 정신분석이다.' '내가 실천하는 것이 곧 정신분석이다.' 분석가는 그 자신을 정신분석의 화신으로 경험해야 한다. 이러한 확실성은 저항이나 자만심이 아니라 어떤 주체가 분석가가 될 때 반드시 획득하게 되는 겸양과 겸손이다. 정신분석가는 무의식이라는 대륙을 탐사하기 위해서 스스로 낮은 존재가 되기를 선택한 이들이다.

---

27) 해당 논문은 인터넷에서 찾아볼 수 있다. 주소는 다음과 같다. https://shs.cairn.info/revue-la-cause-du-desir-2018-2-page-97?lang=fr

나는 프로이트의 이 경험을 반복하고 있었다. 물론 내가 정신분석을 완전히 새로 만들어 내는 것은 아니다. 프로이트가 먼저 만들어 냈으니까 말이다. 하지만 나는 프로이트와 다른 시대에, 한국이라는 땅에서 프로이트와 동일한 방식으로 정신분석을 다시 만들어 냈다고 자부할 수 있다.

내 경험에 의하면, 모든 주체가 이러한 확실성을 획득하는 것은 아닌 듯하다. 이와 같은 확실성은 나르시시즘적인 자아를 포기하도록 만든다. 자아는 무의식에 접근하는 데 방해가 되기 때문이다. 정신분석가는 무의식에 다가가기 위해서 자신의 자아를 완전히 파괴하는 작업을 거쳐야 한다. 내가 볼 때 라캉은 이것을 주체적 파면(destitution subjective)이라고 불렀던 것 같다. 내가 볼 때 주체적 파면은 분석가가 정신분석을 위해서 스스로 주체로서의 지위를 포기하는 것을 의미한다. 분석가는 자신의 정체성과 환상을 포기하고 분석 주체의 무의식을 탐사하기 위해서 스스로를 '대상화'한다. 이것은 분석가의 자기희생을 의미하는데, 분석에 대한 확실한 욕망을 가진 분석가들은 정신분석을 위해 자기 자신을 내려놓는다.

라캉의 통과 절차는 이러한 확실성을 가진 주체들을 선별하는 작업이다. 라캉적 관점에 따르면 A.E들은 정신분석의 미래와 발전을 위해 일할 수 있는 인재들이다. 단순히 이들이 능력이 뛰어나기 때문이 아니라, 정신분석을 위해서라면 모든 것을 내던질 각오가 되어 있기 때문이다. 정신분석가가 되기를 원하는 이들 모두가 이러한 욕망을 가지는 것은 아니기에, 라캉은 통과 절차를 발명해 낸 것이다. 그렇다면 이어지는 질문은 다음과 같다. 도대체 어떤 욕망이 이러한 확실성을 만들어 내는 것일까? 정신분석가의 욕망이란 어떤 특징을 가지는 것일까? 나는 여기서 분석가의 욕망과 '죽음(mort)'이 매우 깊은 연관 관계가 있음을 지적하고자 한다.

Part 7

죽음과 정신분석가의 욕망

정신분석가의 욕망이란 무엇인가? 왜 어떤 주체들은 정신분석가가 되는가? 나는 여기서 죽음에 대해서 말하고자 한다. 왜냐하면 정신분석가의 욕망은 죽음과 불가분의 관계에 있기 때문이다.

라캉은 정신분석의 윤리를 다루는 세미나에서 자신의 욕망을 포기하지 않는 것(ne pas céder sur son désir)을 정신분석의 윤리로 설정했다. 사람들은 종종 이 말을 자유로운 욕망과 쾌락의 실현 정도로 이해한다. 그러나 라캉이 말하고자 한 것은 이와 같은 것이 아니다. 라캉이 설정한 정신분석학의 윤리는 단순히 무분별한 자유를 의미하지 않는다. 정신분석의 윤리는 그것보다 더욱 비장하다.

어떠한 경우에도 욕망을 포기하지 않는다는 말은 그 욕망을 포기하게 될 것 같은 순간에도 포기하지 않는 태도를 의미한다. 욕망의 실현에 대해 가장 큰 장애물은 무엇인가? 그것은 아마도 죽음일 것이다. 우리는 죽음의 위협 앞에서는 우리가 원하는 것을 쉽사리 포기한다. 욕망이 아무리 소중하다고 한들 목숨보다 중요할까? 라캉의 입장은 다르다. 목숨을 지키기 위해서 욕망을 포기한다면 거기에는 반쪽짜리 삶만이 존재할 뿐이다. 정신분석의 윤리는 죽음도 불사한다.

라캉의 관점을 따른다면 안티고네는 그야말로 정신분석적인 윤리의 화신이라 할 수 있다. 안티고네는 누구인가? 그녀는 크레온으로 대표되는 국가 권력에 맞서서 오빠인 폴리네이케스의 매장을 주장하다가 죽음을 맞이하게 된 인물이다. 안티고네의 입장은 사실 문제적이다. 폴리네이케스는 테베를 침공하다가 사망한다. 크레온은 테베의 왕으로서 크레온의 입장에서는 폴리네이케스의 장례를 치러주지 않는 것이 당연하다. 그러나 안티고네는 자신의 오빠의 시신을 제대로 처리해 줄 것을 주장한다. 그녀는 자신의 고집을 포기하지 않고 끝까지 밀어붙였고, 결국 그로 인해서 그녀 자신 역시 삶을 마감하고 만다.

테베의 법이라는 관점에서 보면 안티고네는 위반자에 불과하다. 라캉이 그녀를 통해 정신분석의 윤리를 말하게 된 이유는 그녀가 쾌락 원칙을 넘어서고 있기 때문이다. 그녀가 쾌락 원칙을 택했다면 그녀는 크레온의 명령에 복종했을 것이다. 그러나 안티고네는 그렇게 하지 않았다. 그녀는 그녀가 옳다고 생각한 것을 끝까지 밀어붙였다. 그녀는 자신이 죽는 순간까지 자신의 욕망을 밀어붙였다. 그녀는 순수한 죽음 충동의 화신이었다.

이것이 욕망의 윤리다. 욕망의 수준에서 유일한 죄는 욕망을 포기하는 것뿐이다. 인간은 자신의 욕망을 포기할 때 죄책감을 가지게 된다. 그것이 나의 진정한 욕망이라면 말이다. 만약 정신분석을 향한 욕망이 진정한 것이라면, 정신분석이 아니라 다른 것을 해야 하는 상황에 처하느니 차라리 죽겠다는 결단이 존재하게 된다. '나는 내가 원하는 것을 위해 죽음을 불사할 것이다.'

정신분석을 실천하는 데는 수많은 난관이 존재한다. 가장 커다란 난관은 무엇보다 생계다. 한국에서 정신분석은 그렇게 대중적으로 잘 알려지지 않았다. 심리 상담이나 심리 치료도 아니고 정신분석이다. 과연 정신분석을 통해 살아갈 수 있을까? 좀 더 정확히 말해 정신분석을 전업으로 하여 생계를 이어 나가는 것이 가능할까? 정신분석 문헌을 읽으면서 만족감을 얻는 것과 그것을 직업으로 선택해서 살아가기로 결정하는 것은 완전히 다른 이야기다. 실제로 나는 이 부분에서 많이 고민할 수밖에 없었다.

물론 우리는 돈 없이는 살아갈 수 없다. 따라서 나는 돈이라는 개념을 다시 생각해야 했다. 이제까지 나는 돈을 벌기 위해서 분석을 해야 한다고 생각했다. 돈을 벌기 위해 일을 하는 것처럼 말이다. 그러나 돈에 대한 욕망으로 인해 분석가로서의 욕망이 방해받자 나는 생각을 바꾸어야만 했다. 돈은 분석적 행위에 대한 그 수고비로 받게 되는 것이다. 나는 돈보다 나의 일이 우선이었다. 이렇게 생각을 하니 나는 단 한 명의 환자라도 받을 수 있다면 만족할 수 있을 것 같았다. 내가 원하는 것은 많은 돈을 버는 것이 아니라 정신분석가로서 살아가는 것이니까 말이다.

나는 돈을 벌기 위해 일을 하고 싶지 않았다. 사실 대부분의 사람은 먹고 살기 위해 원치 않는 일을 하는 경우가 많다. 꿈을 좇는다는 것은 사치처럼 경험된다. 이런 경우 주체에게 일은 대체 가능한 무엇일 뿐이다. 돈을 벌기 위해서라면 무슨 일이든 가능하기 때문이다. 주체는 자신의 일을 사랑하지 못하고 진지하게 임할 수 없다. 일을 진지하게 하기 위해서는 오직 이것이어야만 한다는 생각, 즉 그 일이 대체 불가능한 무엇이 되어야 한다. 내가 정말로 원하는 것은 이것이며, 이것이 아니면 안 된다는 생각이 필요한 것이다. 이 생각은 다음과 같은 생각으로 연장된다. '나는 이것이 아니면 안 된다. 이것 없는 삶은 죽는 것만 못하다. 나의 욕망을 빼앗긴 채 시체처럼 살아가느니 나는 한순간이라도 내가 원하는 것을 하다가 죽겠다.' 나에게 정신분석은 그것을 위해 죽음을 감수할 만한 것, 대체 불가능한 무엇이었다.

내게 정신분석이 이러한 위치를 차지하게 된 이유가 있다. 잠깐 죽음에 대한 이야기를 해 보자. 우리는 죽음을 너무나 멀리하고 살아간다. 적어도 우리는 죽지 않을 것처럼 생각하며 살아가는 경우가 많다. 그러나 죽음은 그렇게 멀리 있지 않다. 죽음이라는 것은 언제 찾아올지 모른다. 이는 우리를 불안하게 만든다. 따라서 우리는 그것에 방어하기 위해서 여러 증상을 만들어 낸다. 그중 하나가 바로 죽음을 잊어버리는 것이다.

우리가 욕망하는 삶을 살아가기 위해서는 죽음을 배제해서는 안 된다. 이 말의 의미는 중요하다. 인간이 두려워하는 죽음은 우리의 실재적 죽음이 아니라 상상적인 죽음이기 때문이다. 우리는 죽은 상태에서는 죽음을 두려워할 수 없다. 죽음은 그 정의상 언제나 아직 도래하지 않은 것이다. 그렇다면 우리가 두려워하는 죽음이란 실재의 죽음이 아니라 우리가 상상해 낸 죽음이다. 죽음에 대한 상상적 두려움 앞에서 물러서는 것은 증상을 만들어 낸다. 예를 들어 교통사고로 인한 사망이 두려운 사람은 자동차를 탈 수 없다. 죽음에 대한 생각은 상상적이지만 그 상상적 두려움이 현실의 삶을 장악한다.

그런데 우리가 죽음을 부정한다고 해서 죽음에 대한 '두려움'까지 사라질까? 그렇지 않다. '비행기 사고는 일어나지 않을 거야.'라고 아무리 되뇌어도 비행기에 타는 순간 식은땀을 흘리게 된다. 그 이유는 비행기 사고는 분명 일어날 수 있기 때문이다. 따라서 죽음에 대한 두려움을 극복하기 위해서 그것을 '잘못된 생각'으로 간주하거나 다른 생각으로 대체하는 것은 좋은 방법이 될 수 없다. 그렇다면 우리가 죽음을 극복하는 방법은 무엇일까?

죽음에 대한 두려움을 극복하기 위해서는 죽음을 받아들이는 방법밖에 없다. '나는 언제라도 죽을 수 있다.' 이 사실을 받아들일 수 있어야 하는 것이다. 내 경험에 의하면 죽음이 가깝다는 사실을 인식하게 될 때, 우리는 우리의 욕망을 결정하게 된다. 나의 개인적인 사례를 들어 보겠다. 나는 20대 초반, 꽤 오랜 기간 병원에 입원한 적이 있었다. 오랫동안 검사를 하고 입원했지만, 병명을 알 수도 없었고 고통은 지속되었다. 당시 치료를 받던 나는 이러다가 죽을 수도 있겠다고 생각했다.

이는 차라리 죽는 것이 낫겠다는 생각을 의미하지 않는다. 나는 병을 앓다가 실제로 죽을지도 모른다고 생각하게 되었다. 삶이라는 것은 어쩌면 내 생각처럼 공고하고 단단한 것이 아닐 수도 있었다. 죽음은 생각보다 가까이에 있다. 만약 이렇게 죽는다면 너무나 허망하다는 생각도 하게 되었다. 내가 원하는 것을 해 보지도 못하고 죽는다면 그것은 너무나 억울하지 않을까? 죽음을 진지하게 고려하기 시작하자, 나는 그때부터 나의 삶을 전체적으로 되돌아보게 되었다.

이전까지 나는 다른 사람들과 어울리는 것을 선호했다. 내가 원하는 것보다 타인이 원하는 것이 먼저였다. 나는 그들과 잘 어울리기 위해서 마음에 없는 말들을 포장하고 좋은 사람처럼 보이고 싶어 했다. 특별한 꿈도 없었다. 막연히 미래에 누군가를 가르치는 일을 하면 좋겠다고 생각했을 뿐 그것을 위해 내가 무엇을 적극적으로 해야겠다는 생각은 하지 않았다. 이러한 상황은 어쩌면 내가 죽을지도 모른다는 생각을 하고 나면서부터 변하기 시작했다. 나는 과거의 내가 한심하게 느껴지기 시작했다. 왜 나는 내가 원하는 것을 밀고 나갈 생각을 하지 못했을까? 당장 내일 죽을 수도 있는 일인데 언제까지 남의 비위나 맞춰 주면서 살 것인가? 나는 병상에 앉아서 죽을 때 죽더라도 정말로 내가 원하는 것을 해 보아야겠다고 생각했다. 그때부터 나는 내가 원하는 것을 찾기 시작했다.

내가 원하는 것은 무엇이었을까? 무엇보다 나는 공부를 하고 싶었다. 공부를 직업으로 하는 사람, 즉 연구자가 되고 싶었다. 무사히 퇴원하게 된 나는 대학교에 다니며 관심이 가는 분야들을 접하기 시작했다. 나는 교양 및 타 학과의 전공 수업을 수강했고, 학교 외부에 있는 연구소에서 공부했다. 흥미 있는 분야를 찾기 위해서였다. 나는 다양한 전공을 경험했다. 언어학, 문학, 물리학, 법학, 수학, 심리학, 철학, 신문방송학, 문화 연구, 경제학 그리고 정신분석 등등.

다 흥미로운 전공들이었지만 나는 점차 사람의 정신을 연구하는 것에 마음이 기울기 시작했다. 어릴 때부터 사람의 마음에 관심이 많기도 하였고, '나'라는 존재가 어떻게 해서 생기게 되었는지 궁금했기 때문이다. 심리학과 정신분석 중에 고민을 하던 나는 정신분석에 내 인생을 바치기로 결정했다. 나는 심리학의 연구 방법론이 인간의 정신 과정을 다루기에는 불충분하다는 생각을 했다. 통계는 보편적인 것에 대해서는 알려 주지만 아주 특수하고 개별적인 것들에 대해서는 말해 주지 않기 때문이다. 나는 실험과 통계를 통해 드러나는 보편적인 지식이 아니라 아주 특수하고 개별적인 지식을 원했다. 내가 보기에 정신분석은 그 개별적인 것을 추구하는 것처럼 보였다. 나는 정신분석을 선택했고, 나는 내 전공을 공부하면서 내 생각이 틀리지 않았음을 알게 되었다.

나는 진로를 결정하며, 정신분석을 위해서 인생을 바치기로 했다. 정신분석에 인생을 바친다는 것. 이 말은 단순한 은유가 아니다. 나는 한국에서 정신분석이 발전할 수 있도록 나의 삶을 헌신하고 싶었다. 단순히 먹고 살기 위해서가 아니라 정신분석의 발전을 위해 정말로 일하고 싶었다. 이렇게 생각하니 내 삶에서 가장 중요한 것은 정신분석이 되었다.

물론 이러한 삶의 방식은 일반적이지 않다. 그러나 일반적이지 않다는 이유로 내가 원하는 삶을 포기하고 싶지는 않았다. 적어도 내가 선택한 삶의 방식은 나를 힘들게 만들지언정 나를 불행하게 만들지는 않았다. 만약 내가 내 방식을 포기했다면 나는 몸과 마음은 편했을지라도 불행했을 것이다.

이런 생각의 연장으로, 내가 이러한 삶의 방식을 선택한 이유는 내 부모의 욕망과도 관련이 있다. 물론 나를 키워 준 이들이 내가 분석가가 되는 것을 원했다는 말은 아니다. 나의 부모 역시 나에게 남들처럼 살라고 '요구'했지만 나는 그 요구를 거절했다. 내가 선택한 삶의 방식이 나를 태어나게 한 부모의 '욕망'에 답하는 길이라고 확신했기 때문이기도 하다. 타인들의 요구에 맞추어 살아가며 불만족스러워하는 모습을 보이는 것보다, 힘들고 어려운 길이라고 할지라도 내가 원하는 일을 하며 살아가며 성취를 이루어 내는 것이 부모의 욕망에 대해 답하는 길이라고 생각했다.

나에게 있어서 나라는 개인보다 정신분석이 더 중요했다. 문제는 내가 정신분석에 헌신하기 위해서는 넘어야 할 관문이 많았다는 것이다. 많은 장애물이 존재했지만 가장 크고 넘기 어려워 보이는 관문은 바로 나 자신이었다. 나는 정신분석가로서 살아가고자 하는 욕망을 가지고 있었지만 실제 나의 성격이 정신분석가의 기능에 부합하는 것은 아니었다. 일례로 나는 다른 사람들에게 인정받는 것을 좋아했다. 그러나 나의 그 선호는 분석가가 되는 데 방해가 되었다. 분석가가 되기 위해서는 타자로부터 인정받고 싶어 하는 욕망을 극복해야 했다.

인정 욕망을 극복하기란 쉬운 일이 아니었다. 지금도 마찬가지지만 한국에서 정신분석은 잘 알려지지 않았다. 주변인들도 정신분석이 무엇인지 알지 못했다. 무슨 일을 하느냐는 질문에 대해서 대답하기가 쉽지 않았다. 나는 정신분석을 좋아하기 때문에 분석을 받았지만, 과연 다른 사람들 역시 그럴지는 알 수 없었다. 정신분석을 하다가는 타인들한테 인정을 받을 수 없을 것 같았다. 이 생각은 단순한 나의 환상이 아니라 대한민국의 현실처럼 보였다.

이 생각들은 내가 분석가가 되는 데 방해가 되었다. 때문에 나는 한때 그 생각들을 '무의미'하다고 간주했다. 나를 괴롭게 하는 생각들에 대해서 깊이 생각하지 않으며, 열심히 하다 보면 남들이 알아줄 것이라고 믿었다. 내가 이렇게 대처했을 때 그 무의미한 생각들은 사라지는 것처럼 보였다. 그러나 이것은 불충분했다. 나는 그 생각들을 분석하기보다 밀어내려고 했기 때문이다. 그러다 보니 시간이 지나면 동일한 생각들이 되돌아왔고 나는 다시 불안해지기 시작했다. 나는 다시 마음을 도닥이며 그 생각들이 지나가기를 기다렸다.

그러던 어느 날 문득 이런 생각이 들었다. '나는 왜 이 생각들의 원인에 대해 분석하지 않는 것이지?' 나는 상당히 놀랄 수밖에 없었다. 나는 분석을 직접 경험했음에도 정신분석에 대해서 전혀 모르는 사람처럼 행동하고 있었기 때문이다. 고통을 유발하는 반복적인 사고는 분명 분석을 통해 사라질 수 있다. 나는 프로이트의 말이 옳다는 사실을 다시 한번 통감했다. 프로이트는 환자가 저항에 부딪히기 시작하면, 환자는 그간 배웠던 모든 지식과 경험을 잊은 것처럼 행동한다고 말했다.[28] 마치 '정신분석'이 무엇인지 모르는 사람인 것처럼 행동한다는 뜻이다.

---

28) 지그문트 프로이트, 임홍빈·홍혜경 옮김, 「19. 저항과 억압」, 『정신분석 강의』, 열린책들, 2003, pp.398~399; 지그문트 프로이트, 박성수·한승완 옮김, 「정신분석학 개요」, 『정신분석학 개요』, 열린책들, 2003, pp.452~453; 지그문트 프로이트, 이덕하 옮김, 「전이 사랑에 대한 소견」, 『끝낼 수 있는 분석과 끝낼 수 없는 분석』, 도서출판 b, 2004, p.132

이러한 현상은 환자뿐만 아니라 분석가에게도 나타날 수 있다. 아무리 숙련된 분석가라고 할지라도 저항에 부딪히게 되면 순간적으로는 이와 같은 일이 벌어진다. 만약 이러한 상황이 지속된다면 그 분석가는 자기 분석을 중단하게 된다. 자기 분석을 중단한 분석가는 분석가로서 기능할 수 없다. 실제로 프로이트가 살았던 당시에도 이런 분석가들이 있었다. 그는 「끝낼 수 있는 분석과 끝낼 수 없는 분석」에서 정신분석가들이 '저항'에 부딪힌 사례를 언급하며, 분석가들에게 5년에 한 번씩 다시 분석을 받으라고 권고한 바 있다.[29)]

나는 내가 '저항'에 부딪혔음을 깨달았다. 내가 할 일은 고통스러운 생각들을 다른 생각으로 대체하거나 지나가길 기다리는 것이 아니었다. 나는 내 생각을 분석해야 했다. 이와 같은 인정 욕망은 그 생각들의 원인이 밝혀지자 사라졌다. 분석된 내용은 다음과 같다. 나는 세상 사람들의 생각을 전부 다 알 수 없다. 그런데도 나는 마치 세상 사람들의 생각을 다 아는 것처럼, 다른 사람들은 정신분석을 원하지 않을 것이라고 생각했다. 다른 사람들은 정신분석을 좋아하지 않을 것이라는 나의 막연한 상상은 사실 내가 정신분석에 대해서 취하는 태도에 불과했다. 다른 사람들이 정신분석을 인정하지 않는 것이 아니라, 어떤 수준에서는 바로 나 자신이 정신분석을

---

29) 지그문트 프로이트, 이덕하 옮김, 「끝낼 수 있는 분석과 끝낼 수 없는 분석」, 『끝낼 수 있는 분석과 끝낼 수 없는 분석』, 도서출판 b, 2004, pp.372~373

인정하지 않았던 것이다.

이 사실이 분석되자 나는 어째서 내가 저항에 부딪혔는지도 알게 되었다. 분석하게 되면 내가 정신분석을 원하지 않는다는 사실이 드러나게 될지도 모른다. 나는 정신분석가로서 살아가길 원하는데 그것과 정면으로 충돌하는 욕망이 분석을 통해 나타날 수 있는 것이다. 만약 그렇게 분석된 욕망이 '진실된 것'이라면, 나는 분석을 그만두게 될 것이다. 나는 이 상황에서 두려움을 느꼈던 것이고 따라서 나는 그 사고를 분석하지 않으려고 했다. 그런데 분석 이후에 밝혀진 상황은 반대였다. 매우 흥미롭게도 나에게서 사라진 것은 인정에 대한 갈구였다. 나는 이전보다 '가벼운' 상태로 정신분석에 대한 욕망을 이어 나갈 수 있었다. 이 상황을 이론적으로 어떻게 이해해야 할까?

나는 내가 원하는 바를 밀고 나가고 싶었지만, 나의 일부는 '다른 사람들의 입장'을 상상하며 불안함을 느꼈다. '네가 그런 것을 한다고 누가 알아주기나 하겠어?' 나의 안에 내면화된 '타자'의 심급이 존재하는 것이다. 나의 일부는 내면화된 타자를 대표하며 나의 욕망을 비난했고 죄책감을 느끼게 만들었다. 내 안에서 나를 관찰하고 비판하는 또 다른 내가 존재하는 듯 말이다. 내가 분석을 통해 밝혀낸 것은 전통적으로 정신분석에서 말하는 주체의 욕망이 아니다. 내가 분석해 낸 것은 내 안에 존재하는 타자의 욕망이다. 「자아와 이드」에서 프로이트는 억압된 욕망 외에도 또 다른 무의식이 존재한다고 말했다. 이 무의식적인 부분은 자아에 속한다. 프로이트는 이렇게 무의식적으로 된 자아의 일부분을 '초자아'라고 말했다.

초자아는 나를 여러 측면에서 괴롭혔다. '아무도 너를 인정하지 않을 거야. 네가 그런 것을 할 수 있을 것 같아?'라고 말하면서 정신분석가가 되고자 하는 욕망을 포기하도록 종용하는 한편 '아무 것도 안 하고 살려고? 네가 그러면 그렇지.'라는 식으로 내가 옴짝달싹할 수 없게 만들었다. 프로이트에 따르면 이러한 이중적인 면은 초자아의 특성이기도 하다.

> 그것(인용자 주: 초자아, 자아 이상)은 또한 그러한 선택에 대한 강력한 반동 형성을 나타내기도 한다. 그것의 자아와의 관계는 [너는 이것과 (너의 아버지와) 같아야 '돼']라는 훈계로 끝나지 않는다. 그것은 또한 [너는 이것과 (너의 아버지와) 같지 '않아도 돼'. 다시 말해서, 너는 그가 하는 것을 모두 다 하지 않아도 돼. 어떤 것은 그의 특권이니까]라는 금지 조항을 포함하고 있기도 하다. 자아 이상의 이러한 이중성격은 이 자아 이상이 오이디푸스 콤플렉스를 억압하는 책무를 띠고 있다는 사실에서 연유한다.[30]

프로이트에 따르면 어린 시절 유아는 자신의 어머니를 첫 번째 성

---

[30] 지그문트 프로이트, 윤희기·박찬부 옮김, 「자아와 이드」, 『정신분석학의 근본 개념』, 열린책들, 2003, p.375.

대상으로 선택하고 어머니의 배우자인 아버지에게 적개심을 경험한다. 이것이 바로 오이디푸스 콤플렉스(complex d'œdipe)이다. 오이디푸스 콤플렉스는 '네가 그것을 그만두지 않으면 너의 성기를 잘라 버릴 거야.'라는 아버지의 거세 위협과 더불어 어머니의 거세 사실을 아이가 인정하게 되면서 종식된다.[31]

아이의 초자아는 거세하는 아버지를 이어받는다. 중요한 것은 아이가 상실되어 버린 어머니에 대한 욕망을 완전히 포기하지 못했다는 점이다. 아이는 아버지의 처벌이 두려워서 단지 그것을 의식 바깥으로 밀쳐 내고, 자신에게는 그런 것이 전혀 없는 듯한 외양을 꾸며 낸다. 이 외양이 '자아(moi)'다. 문제는 상실된 어머니와의 관계는 그 아이가 성적 만족을 얻을 수 있는 관계라는 점이다. 상실된 대상으로서 어머니와 아이가 맺었던 관계는 그 아이가 성인이 되어서 자신의 성적 대상을 선택하고 그 관계가 진행되는데 매우 큰 영향을 미친다.

오이디푸스 콤플렉스가 억압된 주체는 자신에게 만족을 줄 수 있는 대상과 만나게 되면 즐거워하지 못한다. 오히려 주체는 불안해하게 된다. 내부에서 금지된 욕망이 발생함에 따라 초자아가 가혹하게 주체를 처벌하기 때문이다. 여기에서 역설이 발생한다. 인간은

---

31) 아이가 거세 위협을 인정하는 까닭은 거세가 실제로 일어날 수 있다고 믿기 때문이다. 아이는 이 사실을 어머니의 성기를 보면서 깨닫는다. 만약 아이가 여성의 성기가 거세되었다는 사실을 믿지 않는다면, 아이에게는 신경증이 아닌 다른 형태의 병리적 구조가 나타나게 된다.

자신이 진정으로 원하는 대상을 발견하면 즐거움을 느끼지 못한다. 주체는 오히려 강력한 불안을 느끼며 자신의 대상으로부터 물러서야 한다고 경험한다. 대상에 대한 욕망이 강할수록 초자아는 더욱 강력하게 주체를 비난한다.

그렇다면 자아가 대상 선택을 포기하면 초자아의 비난에서 벗어날 수 있는 것일까? 마치 불교의 방식처럼 모든 욕망을 포기한다면 문제가 해결되는가? 이것 또한 그렇지 않다. 초자아는 초기 대상 선택의 잔재이다. 주체가 대상 선택을 포기하면 죽음 충동이 발생하기 시작하는데, 초자아의 힘은 여기에서 나온다. 주체가 자신의 욕망을 포기할수록 초자아는 더욱 거세게 주체를 비난하게 되는 것이다. 즉 초자아는 주체가 대상을 선택하려고 하던 혹은 그것을 포기하려고 하던 비난을 퍼붓는다. 이것이 프로이트가 '자아 이상'의 이중적인 성격이라고 말한 것이다.

정신분석가가 되고 싶은 나의 욕망은 무의식으로부터 기인한 것이며, 초자아는 그것들을 포기하고 살아가도록 나에게 종용했다. 그렇다고 해서 초자아의 비난에 굴복하여 나의 욕망을 포기하면 나는 우울해졌다. 나는 초자아에 반항할 수도, 초자아에 복종할 수도 없었다. 초자아의 비난은 심리적 고통이라는 형태로 나타났다. 나는 몹시 불안해졌다. 나는 분열되어 있었고 어떻게 해서든 이 분열을 해결해야만 했다.

문제는 내 안에서 내면의 갈등이 활성화될 때, 내적 갈등을 회피하고자 마조히즘적 태도가 나타났다는 점이다. 권위자, 즉 대타자에게 복종하려는 태도에서 쾌락이 느껴졌다는 점이다. 좀 더 정확히 말해 외부 세계에서 아버지와 동일시되는 사람을 보게 되었을 때, 그에게 굴복하고 싶은 생각이 들기도 했다. '그저 정해진 대로, 혹은 남이 정해 주는 대로 살면 편안하지 않을까?' 이는 어느 한 편으로는 분명한 어떠한 쾌락으로 경험되었지만, 다른 한 편으로는 너무나도 불쾌했다.

초자아로 대표되는 나의 일부가 사디즘적이었다면 다른 나의 일부는 마조히즘적이었다. 나는 나의 마조히즘에 대해 잘 알고 있었다. 그러므로 나는 아버지로 상징될 수 있는 강력한 타자에게 굴복하고 싶어 하는 나 자신을 마주하기 위해서라도 반드시 분석을 받아야 한다고 생각했다. 이 현상은 초자아 외에도 내가 둘로 분열되어 있다는 사실을 알려 준다. 대타자에 대해 마조히즘적인 태도를 보이는 나와 그러한 마조히즘적인 나를 분석의 대상으로 간주하는 나. 이 현상을 정신분석적으로 어떻게 이해할 수 있을까?

프로이트의 논문을 살펴보자. 프로이트는 「마조히즘의 경제적 문제」에서 초자아의 사디즘과 자아의 마조히즘에 대해 언급한 바 있다.

그렇다면, 초자아의 사디즘은 대부분 눈부시게 의식적인 반면, 자아의 마조히즘적 추세는 원칙적으로 주체에서 숨겨져 있으므로

그의 행동으로부터 추론되어야 한다는 사실은 결코 무시할 만한 이야기가 아닐 것이다.[32]

초자아는 사디즘적이고 자아는 마조히즘적이다. 초자아는 내적 갈등을 유발하고 자아는 내적 갈등을 회피하기 위해서 타자에게 복종한다. 자아는 마조히즘을 즐긴다. 이것이 쾌락 원칙이다. 그런데 프로이트는 초자아의 사디즘이 의식적인 반면 자아의 마조히즘은 숨겨져 있다고 말한다. 즉 자아는 자신이 마조히즘적으로 쾌락을 얻는다는 사실을 숨긴다는 뜻이다. 오히려 신경증적인 자아는 초자아에 반항하며 자신의 독립성을 주장한다.

어떤 형태의 강박 신경증의 경우, 죄의식이 지나치게 떠들썩해서 자아로부터 그 자신을 정당화시킬 수 없다. 따라서 환자의 자아는 죄를 씌우는 데 대해서 반발하고 의사의 도움을 얻어 그것을 거부하려 한다.[33]

히스테리의 경우는 어떠한가? 프로이트는 히스테리에서 초자아의 비난이 무의식적인 상태로 남아 있다고 말한다.

---

32) 지그문트 프로이트, 윤희기·박찬부 옮김, 「마조히즘의 경제적 문제」, 『정신분석학의 근본 개념』, 열린책들, 2003, p.430
33) 지그문트 프로이트, 윤희기·박찬부 옮김, 「자아와 이드」, 『정신분석학의 근본 개념』, 열린책들, 2003, p.396

이러한 것이 발견되는 곳은 근본적으로 히스테리나 히스테리성 상태이다. 여기서 죄의식이 무의식적 상태로 남아 있게 되는 메커니즘을 발견하기는 어려운 일이 아니다. 히스테리성 자아는 고통스러운 지각을 피해 가는데, 그 이유는 이 지각을 통한 초자아의 비판이 자아를 위협하기 때문이다.[34]

내가 이 부분을 인용하는 까닭은 나의 경우는 반대였기 때문이다. 강박적 주체와 히스테리적 주체에게 마조히즘이 무의식적인 수준에 남겨져 있다면, 나에게 존재하는 마조히즘적 성향은 분명 의식적이었다. 그리고 그러한 인식은 나를 고통스럽게 만들었다. 나는 그것을 벗어나고 싶었고 그리하여 분석을 받게 되었다.

이 과정을 분석하면서 떠오른 생각이 있었다. 바로 아버지-어머니-나의 삼각관계였다. 어릴 적 어머니는 내가 원하는 것이 있을 때, 내가 그런 것을 원한다면 아버지가 화를 낼 것이라고 말하며 포기하도록 만들고는 했다. 어머니는 나에게 "나는 그것을 받아들여 줄 수 있지만 아버지 앞에서는 그런 것을 말해선 안 된다."라고 말했다. 그래서 나는 어린 시절에는 어머니에게 이런저런 이야기를 하면서 어머니가 나를 사랑한다고 생각했고, 반대로 아버지는 나를 사랑하지 않으며 두려운 사람이라고 믿게 되었다.

실제로 내 눈에 비친 아버지는 매우 두려운 사람이었다. 나는 그

---

[34] 같은 책, p.397

것이 사실이라 생각했지만 그렇지 않다는 사실이 밝혀졌다. 나는 아버지 역시 아들로서의 나를 사랑했다는 사실을 알게 되었다. 그리고 어머니가 의도하지는 않았겠지만, 어머니의 처사가 나와 아버지 사이를 이간질했다는 사실을 알게 되었다. 나는 어머니의 말을 듣는 것이 '장기적'으로 나에게 도움이 되지 않는다는 사실을 알게 되었다. 나는 점차 어머니의 말을 듣지 않았으며 나의 주관을 밀고 나가기 시작했다. 어머니의 말에 따르면, 내가 고등학교에 진학하면서부터 어머니에게 반항적이었다고 한다. 실제로 사춘기 때 나의 과제는 어머니로부터 독립된 인격체로 자리 잡는 것이었다.

  나의 역사에서 아버지는 총 세 종류로 나누어진다. 첫 번째로, 어머니의 말을 통해서 전달된 아버지, 즉 상징으로서의 아버지가 있다. 두 번째로, 내 눈에 비친 아버지, 즉 이미지로서의 아버지가 있다. 마지막으로는, 이미지와 상징을 넘어서 존재하는 실재의 아버지가 있다. 이처럼 나에게 있어서 아버지가 분열된 까닭은 아버지-어머니-나의 삼각관계가 어머니의 '담화'를 중심으로 이루어졌기 때문이다. 어머니는 나에게 아버지가 어떤 사람인지 말로 전달해 주었고, 나는 어머니의 말을 통해서 전달된 아버지가 진짜 아버지라고 믿었다. 나는 아버지가 기본적으로 나의 욕망을 벌하는 존재라고 믿게 되었고, 그 믿음 속에 아버지는 무서운 사람이라는 인상을 가지게 되었다.

  그렇다면 여기서 실재의 아버지는 무엇일까? 나에게 가족은 어머니의 담화와 그에 의해 해석된 아버지를 중심으로 이루어져 있었다. 나에게 그것이 현실(réalité)이었다. 실재의 아버지는 그 현실의 바깥에 존재했다. 만약 실재로서의 아버지를 받아들인다면 어머니의 담론이 갖는 현실성은 무너지게 된다. 그것은 어머니의 담화가 전부가 될 수 없음을 나타내는 표지라고 할 수 있다.

아버지가 세 범주로 분류될 수 있다면, 나 역시 마찬가지로 세 범주로 분류된다. 욕망과 관련하여 비난을 일삼는 가혹한 초자아와, 그러한 초자아에 복종하길 요구하는 자아, 그리고 그러한 자아에 반항하는 나. 프로이트식으로 말하자면, 초자아와 초자아에 복종하길 바라는 자아 외에도 또 다른 '나'가 존재한다. 이 세 가지 분류는 나의 유년기를 떠올리게 만든다. 가혹한 아버지, 그 아버지에게 복종하도록 요구하는 어머니, 마지막으로 어머니에게 반항하는 나.

마지막의 어머니에게 반항하는 '나'가 바로 정신분석에서 말하는 이드라고 할 수 있다. 이드가 자신의 욕망을 실현하려 할 때 만나게 되는 것은 초자아의 비난이다. 나의 경우 초자아의 비난이 발생하면 자아는 욕망을 포기하고 타자에게 복종하도록 종용한다. 이것은 나와 어머니 그리고 아버지의 관계를 닮았다. 어머니는 나의 말을 잘 들어 주었지만, 그것은 어디까지나 아버지에게 말해지지 않는 한에서였다. 어머니와 나의 관계는 밀착되어 있었으며, 아버지와 나 사이를 중재했다. 마찬가지로 자아는 이드와 초자아 사이에 위치해 있으며 이드와 자아는 서로 연결되어 있다. "자아는 이드로부터 칼로 자르듯이 분리되어 있지 않다. 자아의 하부는 이드와 합병된다."[35] 이는 내가 자아의 수준에서 어머니와 동일시하고 있다는 사실을 알려 준다.

나의 심리적 심급 사이의 상호 작용은 앞에서 언급되었던 강박 신경증이나 히스테리의 그것과 같지 않았다. 프로이트에 따르면 히스테리와 강박 신경증의 구도 속에서 고통스럽다는 이유로 억압되는 것은 바로 초자아가 유발하는 내적 갈등이다. 히스테리에서 자아는 초자아의 공격이 마치 존재하지 않는 듯 행동하고, 강박 신경증에서 자아는 초자아의 비난이 무의미하다며 비난한다. 우리는 이 말을 다음과 같이 해석할 수 있지 않을까? 히스테리에서 어머니는 아버지가 마치 존재하지 않는 듯 무시하고서 아이가 원하는 것을 해 주었다면, 강박 신경증에서 어머니는 아버지의 말이 무의미하다고 비난하면서 아이의 편을 들어 준 것은 아닌가?

프로이트는 신경증적 자아의 특징을 다음과 같이 기술한다.

사실상 자아는 마치 분석 치료 중의 의사와 같이 행동한다. 자아는 실제 세계를 주목하는 가운데 자신을 이드에 대한 리비도적 대상으로 제공하고 이드의 리비도를 자신에게 부착시키려 한다. 자아는 이드의 조력자일 뿐만 아니라 주인의 사랑을 구하는 복종적 노예이기도 하다. 가능하다면 자아는 언제나 이드와 좋은 관계를 유

---

35) 같은 책, p.362

지하려 한다. 자아는 이드의 '무의식적' 요구를 자신의 '전의식적' 합리화로 치장한다. 자아는 이드가 실제로는 고집이 세고 좀처럼 굽히지 않으려 하는데도 그것이 훈계에 복종심을 보여 주는 것처럼 가장한다.[36]

여기서 프로이트는 자아가 초자아와 이드 사이를 중재하는 역할을 하고 있다고 말한다. 흥미로운 점은 자아가 이드의 조력자라는 사실이다. 자아는 현실 원칙을 존중하는 독립적인 심급이 아니라 이드의 입장을 옹호하며 초자아의 비난으로부터 이드를 변호하고 마치 이드가 초자아에 대해서 복종하고 있는 것처럼 가장한다. 이는 아이를 사랑하는 어머니가 아버지의 법 앞에서 아이의 욕망을 대변해 주는 것과 유사하지 않은가? 실제로 프로이트는 자아가 이드에 대한 리비도적 대상이라고 말한다. 유아에게 어머니는 리비도적 대상이다. 만약 이렇게 본다면 우리는 초자아는 아버지의 내면화이며, 자아는 어머니의 내면화라고 생각해 볼 수도 있다.

다시 돌아가자. 신경증에서 억압된 것이 초자아의 비난이라고 해 보자. 이렇게 본다면 우리는 신경증의 분석을 다시 생각해 보아야 한다. 신경증자에게 금지된 충동은 이미 실현되고 있다. 초자아로부터 그것이 감춰지면서, 혹은 초자아의 비난을 무시하면서 신경증자는 자신의 충동을 추구한다. 이 상황에서 주체를 괴롭히는 것은 바

---

36) 같은 책, p.403

로 아버지의 법이다. 이 법은 억압되었지만, 증상적인 방식으로 회귀한다. 신경증자는 이미 금지된 충동을 추구하고 있으며, 그 과정에서 그가 고통받는 이유는 아버지에 대한 죄책감이 되돌아오고 있기 때문이다. 이러한 갈등이 신경증적 증상을 유발한다. 그리고 무의식이 의식화되면서 증상이 해소된다는 말은 신경증자의 무의식적 욕망이 어머니에 대한 욕망을 지향하지 않는다는 사실을 알려 준다. 신경증적 주체가 무의식적으로 원하는 것은 아버지의 법을 따라 어머니에 대한 욕망으로부터 분리되는 것이다. 따라서 정신분석이 신경증자의 무의식적 욕망을 의식화한다고 할 때, 그것은 어머니로부터의 분리, 즉 대상의 애도라는 결론에 이르게 된다.

그런데 나의 경우는 이와 같지 않았다. 나의 경우는 프로이트가 우울증, 즉 멜랑콜리라고 부르던 현상과 유사하다.

우울증의 경우 초자아가 의식을 장악하고 있다는 인상은 더욱 강하다. 그러나 여기에서 자아는 감히 반대하지 못한다. 그것은 그 자신의 죄를 인정하고 처벌을 감수한다. 우리는 그 차이를 이해할 수 있다. 강박 신경증의 경우 문제가 되는 것이 자아 밖에 있는 못마땅한 충동이었던 반면, 우울증의 경우는 초자아의 분노 대상이 동일시를 통하여 자아 속으로 들어왔다는 것이다.[37]

---

37) 같은 책, p.396

신경증의 경우와 달리, 우울증에서 자아는 초자아에 대해 반대하지 못한다. 우울증의 구도 속에서 자아는 이드로 하여금 욕망을 포기하도록 강요한다. 나의 경우는 이와 유사했다. 그러나 이와 완전히 동일하다고 할 수도 없다. 우울증의 경우는 자아와 이드가 초자아에 대해 저항하지 못하며 해당 주체가 죄인이 된다면, 나의 경우는 자아로부터 분리하여 초자아에 대해 저항을 시도했기 때문이다. 오히려 나는 초자아에 굴복하기를 요구하는 자아를 '병리적인 증상'으로 간주했고 그것에게서 벗어나길 원했다.

왜 이런 일이 일어났던 것일까? 그 이유는 다음과 같다. 자아가 이드의 리비도적 대상이라면, 이드가 자아의 말을 따르는 것은 금지된 만족을 실현하는 일이 된다. 만약 내가 어머니의 말을 듣고 아버지에게 복종적인 태도를 보인다면 그것은 어머니로부터 사랑받기 위한 일이 된다. 내가 어머니의 말을 따르면 따를수록 그것은 근친상간의 금지를 위반하는 일이 된다. 어머니는 나에게 근친상간의 위반을 종용했으며 그것은 어머니가 아버지의 이름을 빌림으로써 이루어졌다. 만약 내가 어머니의 말을 따르게 되면 이렇게 되면 초자아는 더욱 가혹한 방식으로 나를 비난하게 된다. 따라서 내가 할 수 있는 일은 어머니에 의해 발화된 아버지에게 복종하는 것이 될 수 없었다.

내가 욕망하기 위해서는 어머니의 말을 거부해야 했다. 어머니는 나에게 쾌락을 주는 인물이었지만, 나는 어머니를 스스로 멀리해야만 했다. 이것은 강요된 선택이기도 했다. 왜냐하면 내가 어머니의 말을 따르게 될 때마다, 즉 나와 어머니의 사이가 가까워지기 시작할 때마다 나에게 증상이 나타났기 때문이다. 어머니는 그녀를 거부하는 나를 이해하지 못했다. 그녀의 말에 따르면 '나는 영원히 그녀의 아이이며 그녀 몸의 일부'였다. 이러한 상황을 지속할 수는 없었기에 나는 어머니와의 연결을 잘라 내기 위해 노력했다. 이럴 때마다 어머니는 서운해하고 때로는 격노했지만, 그럴 때마다 나는 나의 입장이 포기될 수 없는 이유를 설명하고 어머니가 어떤 점에서 잘못 생각하고 있는지를 증명해야 했다.

어머니의 담화를 거부하게 되면서 나는 아버지에게도 맞서게 되었다. 어머니를 대하는 태도가 아버지에게도 연장된 것이다. 나는 부모로부터 사랑받기 위한 행동을 거부했다. 나는 어머니와 아버지에게 매우 냉정한 태도를 보였다. 아버지 역시 굉장히 분노했다. 그때마다 나에게는 죄책감이 발생했다. 아들로서의 역할을 제대로 하지 못한다는 생각이 들었기 때문이었다. 문제는 이러한 상황에서 내가 물러설 수 없었다는 점이다. 나는 나의 이름을 가지고 살기를 원했지 누군가의 아들로서 남고 싶지는 않았다. 누군가의 아들로서 보호받고 사랑받고자 하는 욕망을 포기하지 않는 한, 나는 나의 삶을 살 수 없으리란 예감이 들었기 때문이다.

어릴 적 부모를 대하는 태도는 내면화되어 초자아를 형성한다. 내가 나의 길을 추구할 때마다 초자아는 나를 비난했다. 비난의 형태는 다음과 같았다. '그렇게 한다고 해서 네가 잘 될 것 같아?' 따라서 나는 초자아의 비난에 맞서야만 했다. 이것은 홀로서기이자, 나의 삶을 스스로 책임지겠다는 태도라고 할 수 있다. 문제는 내가 이러한 선택을 하면서 매우 불안해했다는 점이다. 그리고 이러한 불안은 나로 하여금 타자에게 복종하는 태도를 보이게끔 유도했다. 말하자면 '어머니의 말처럼' 아버지와 같은 타자에게 복종하고자 하는 욕망이 나타났던 것이다.

이러한 욕망은 나에게 공황 장애, 우울증, 불안 장애와 같은 여러 증상을 유발했다. 나는 이 때문에 분석을 받게 되었다. 분석에서 내가 분석가의 응답을 기대하지 않았던 이유가 이와 연결되어 있다. 나는 권위적 타자의 영향력으로부터 분리되길 원했기 때문이다. 나의 분석은 분석가가 대표하는 권위자에 대한 의존성을 떼어 내는 작업이었다. 따라서 나는 분석가에게 해석을 요구하기보다는 스스로 해석했다. 내가 라캉주의 분석가를 선택한 것은 이런 이유였다. 그리고 내 판단은 틀리지 않았다. 내가 분석가의 권위를 두려워하며 그에게 복종하는 태도를 보일 때, 나에게 자살 충동이 두드러지게 나타났기 때문이었다. 반대로 내가 그의 권위에 맞서고 분석가로서 나의 욕망을 추구하기로 결정했을 때, 나의 정신적 상태는 점차 개선되기 시작했다.

물론 이러한 결정을 내리기란 쉽지 않았다. 프로이트는 「자아와 이드」에서 초자아의 사랑을 잃는 것은 거의 죽음의 공포와 같다고 설명한다.[38] 이 말은 사실이다. 초자아를 위반하는 일은 거의 죽음에 상응하는 불안을 일으킨다. 초자아에 복종할 때마다 쾌락이 발생하는 이유는 그 죽음의 공포가 해소되기 때문이다. 즉 자아의 마조히즘은 죽음에 상응하는 위협에 직면하여 목숨을 구걸하는 데에서 발생하는 쾌락이다. 자아는 초자아에 복종함으로써 굴욕을 겪을지언정 삶을 보장받는다.

사실 이러한 일은 우리 주변에서 비일비재하게 일어난다. 우리는 우리의 생사여탈권을 쥐고 있다고 생각되는 사람들에게 복종한다. 우리는 그들에게 복종하고 그들은 그 복종의 대가로 급여를 준다든지 학위를 수여해 준다는 식으로 우리의 삶을 보장해 준다. 물론 신경증에 대한 프로이트의 논의는 여기에 놀라운 사실을 하나 더해 준다. 사람들 사이의 갈등 관계란 어디까지나 의식적인 수준에서만 그렇게 보일 뿐이다. 각각의 주체들, 특히 신경증적 주체는 의식적 수준에서는 자율적이고 독립적인 태도를 보인다. 즉 그들은 의식적으로는 모든 주체가 상호 평등하며 각자만의 삶을 살아갈 권리가 있다고 주장한다. 하지만 이들은 권위자에게 반항하거나 권위자의 눈을 피하면서 자신이 원하는 바를 행한다. 왜냐하면 신경증자는 무의식적 수준에서는 권위자의 우월성을 시인하고 그로부터 인정받길 원하는 동시에 그로부터의 처벌이나 비판을 두려워하

---

38) 같은 책, pp.405~406

기 때문이다.[39]

초자아의 공격하에서 고통을 겪거나 심지어는 그 공격에 굴복하는 과정에서 자아는 원생 생물과 비슷한 운명을 맞이하게 된다. 이 원생 생물은 그 자신이 만들어 낸 산물로 인해 죽음을 맞는다.[40]

프로이트는 여기서 매우 흥미로운 지적을 한다. 초자아의 공격에 굴복하는 것은 서서히 죽어 가는 것과 마찬가지다. 왜냐하면 그러한 복종은 위협과 불안으로 강제된 것이기 때문이다. 초자아의 비난은 주체의 내면에서 갈등을 일으킨다. 주체는 그러한 갈등이 유발하는 고통으로부터 회피하기 위해서 전략을 취한다. 앞서 프로이트가 지적했듯이 주체의 자아는 억압의 화살을 초자아에 돌린다. 권위자의 말을 따르는 것은 그러한 회피 전략의 하나다. 문제는 이처럼 갈등이 존재하는 곳에 주체의 욕망이 존재한다는 점이다. 갈등으로부터 발생하는 자신에 대한 의문을 회피할 때 주체는 자신의 욕망을 포기하게 된다. 이것이 주체를 병적 상태로 몰고 간다.

흥미로운 사실은 주체가 이러한 병적 상태를 즐길 수 있다는 점

---

39) 반대로 도착증에서는 표면적인 '복종'이 존재하지만, 무의식적인 수준에서는 권위자를 향한 적개심과 도전 의식이 존재한다. 프로이트가 말한 것처럼 신경증은 도착증의 음화라면, 도착증은 신경증의 양화라고 할 수 있다. 무엇이 드러나 있고 감춰져 있느냐에 차이가 있을 뿐, 신경증과 도착증은 매우 유사한 특징을 갖는다. 종종 성도착증은 분석할 수 없다고 알려졌지만, 도착증의 정신분석 임상은 신경증과 동일한 수준에서 이루어지게 된다.
40) 같은 책, pp.403~404

이다. 권위에 대한 복종은 불쾌하지만 그와 동시에 쾌락을 만들어 내기 때문이다. 주체는 권위자에게 복종하면서 자신의 욕망을 포기하게 되는 멜랑콜리적 고통을 겪게 되지만, 내적 갈등이 유발하는 고통으로 벗어나며 쾌락을 경험하게 된다. 그러나 나는 병적 상태를 즐기고 싶지 않았다. 나는 살기 위해서 초자아와 맞서야 했다. 초자아와 맞선다는 말은 내적 갈등을 회피하지 않고 마주 본다는 것을 의미했다.

정신분석에서 말하는 주체란 갈등하는 주체이자 분열된 주체이다. 그 분열과 갈등에 무의식적인 '주체'가 존재하며, 이것이 바로 정신분석이 주체의 갈등과 분열을 대면하는 작업인 이유이다. 그런데 내 내적 갈등과 마주하는 일은 쉽지 않았다. 내적 갈등은 쉽사리 해결되지 않을뿐더러, 그 갈등과 마주하며 심리적인 부하가 발생할 때, 내 안에서는 분석 작업을 중단하고 싶어 하는 마음이 발생했기 때문이다. 이를테면 '자아'가 끊임없이 나의 욕망을 포기하도록 유혹하고는 했다. 마치 어머니가 아버지의 말에 복종하도록 종용했던 것처럼 말이다.

내가 자아의 유혹에 흔들리는 이유는 자아가 나의 리비도적 대상이었기 때문이다. 분명 나의 일부는 어머니와 동일시되어 있었다. 그리고 나의 리비도는 어머니와 동일시된 그 부분을 향하고 있었다. 즉 어머니는 나의 리비도적 대상이었던 것이다. 따라서 가혹한 초자아로부터 벗어나기 위해 필요했던 것은 내가 어머니를 버리는 것이었다. 이 작업은 '정신분석'을 통해서 이루어졌다. 이것은 곧 나를 포기하는 작업과 같았다. 나에게 정신분석 작업은 죽음의 공포 앞에서 목숨을 구걸하며 굴욕적인 쾌락을 향유하고자 하는 자아를 잘라 내는 실천이었다.

이 과정을 좀 더 자세하게 설명하자면 다음과 같다. 나에게 '첫 번째 정신분석', 즉 정신분석가와의 분석은 아버지-대리인을 실질적으로 극복하는 과정이었다. 나에게 분석가는 막강한 권위를 대표하는 아버지-대리인처럼 보였다. 그의 말을 잘 듣는다면 나는 분석가로서의 삶을 보장받을 수 있을 것 같았다. 반대로 그와 대립하고 갈등하는 일은 삶을 잃어버리는 것처럼 경험되었다. 그와의 분석이 끝났을 때, 그의 앞에서 분석을 끝내겠다고 공언했을 때, 나는 정말로 두려웠다. 그러나 그 두려움 앞에서 물러날 수는 없었다. '머릿속에 떠오르는 것은 무엇이든지 말한다'는 것은 그와 내가 한 계약이었기 때문이었다. 두려워서 말할 수 없었기에 나는 더욱더 그것을 말해야만 했다. 나는 그와의 실제 관계에서 그를 '극복해야 했다.'

그와의 관계가 정리된 이후에도 나의 분석은 지속되었다. 특히 내가 실재와 대면한 이후 나의 '두 번째 분석'이 시작되었다. 분석이 끝난 후에도 분석가가 되기에 부적절한 나의 성격들은 여전히 존재했다. 분석은 완전히 끝마쳐진 것이 아니었다. 외부에 존재하는 것처럼 보이는 장애물을 넘어서자 내부에 존재하는 장애물이 나타났다. 내가 해야 할 일은 정해져 있었다. 이 내부에 존재하는 장애물을 극복하는 것이 두 번째 분석의 과제였다. 첫 번째 분석에서 타자의 권위 앞에서 물러서지 않고 나의 욕망을 추구하기로 결정했다면, 두 번째 분석에서 나는 '자아'를 해체하기 시작했다. 끝없는 자기 분석을 통해 나는 내 욕망의 추구를 가로막는 나 자신을 '잘라 내야만' 했다. 나에게 정신분석은 끝없는 '자기 절단'의 과정이었다.

이와 같은 자기 절단 과정에서 잘라 내야만 했던 것 중 하나는 바로 죽음에 대한 공포였다. 많은 사람들에게는 돈을 제대로 벌지 못해서 굶어 죽을 것 같은 두려움이 있다. 나 역시 마찬가지였지만, 많은 사람들은 이러한 불안으로 인해서 자신을 먹여 줄 수 있는 타자에게 의존하고자 하는 욕망을 가지게 된다. 우리는 우리를 먹여 주고 죽음의 위협으로부터 보호해 주는 타자를 사랑하게 되는데, 일찍이 프로이트는 이러한 사랑을 부모 의존형의 사랑이라고 말했다.[41] 유아적인 사랑이라는 뜻이다.

흥미롭게도 이러한 부모 의존형 사랑은 나의 부모, 특히 어머니를 통해 전달되었다. "공무원과 같이 적당히 미래가 보장되는 직업을 선택해서 편하게 살아라." 어머니의 말에는 내가 항상 어린아이처럼 누군가의 보살핌을 받으며 살아야 한다는 의미가 담겨 있었다. 어머니에게는 내가 평생 '아이'로 남아서 권위자의 사랑을 받기를 바라

---

41) 지그문트 프로이트, 윤희기·박찬부 옮김, 「나르시시즘 서론」, 『정신분석학의 근본 개념』, 열린책들, 2003, pp.64~65

는 소망이 있었던 것이다.

정신분석가가 되기 위해서는 이러한 부모 의존형의 사랑을 포기해야 했다. 이 말은 곧 어머니를 향한 사랑을 포기해야 한다는 사실을 의미했다. 어머니를 사랑한다면 어머니의 가르침을 받아들일 수밖에 없기 때문이다. 부모로부터 보살핌을 받지 못하는 아이는 죽을 수 있다. 부모에게 보살핌을 받지 못하는 아이는 죽음에 대한 불안을 경험할 수 있다. 나 역시 마찬가지였다. 그러나 나는 어머니의 욕망 앞에서 물러설 수 없었다. 내가 볼 때 어머니가 나를 자신의 아이로 만들고 싶어 하는 소망은 '현실'을 제대로 파악하지 못하는 것처럼 보였다. 무엇보다도 나는 더 이상 어린아이가 아니라 성인이었으며, 내가 어머니 신체의 일부였던 시절은 임신 기간 때뿐이었기 때문이었다. 내가 볼 때 어머니는 애도와 관련하여 문제를 겪고 있는 듯 보였기에, 따라서 나는 어머니의 말을 거부하고 나만의 길을 가야만 했다.

물론 어머니는 계속해서 나에게 포기를 종용했다. 이 요구는 생각보다 집요해서, 나는 실제로 가족과 연을 끊을 각오를 하고 있었다. 나의 욕망을 실현하는 데 방해가 된다면 나는 설령 가족이라도 버릴 각오가 되어 있었다. 그 과정에서 나는 그 불안을 극복해야만 했다. 나는 정신분석가가 되기 위해서 나를 낳아 주고 길러 준 사람에 대한 애정을 포기해야 했다. 나는 누구의 보호도 받고 싶지 않았다. 어차피 나중에 혼자가 될 텐데 그 시기가 좀 더 앞당겨지면 어떤가? 오히려 그 시기를 앞당겨서 미리 대처하는 법을 배우는 것이 좋지 않을까? 나는 심리적으로 완전히 홀로 있는 상태가 되길 자처했다. 이것은 마치 죽음과 맞대면하는 것 같은 불안을 나에게 유발했다.

내가 원하는 것은 바로 그 죽음에 대한 불안 앞에서 물러서지 않는 것이었다. 죽음 앞에서 물러서지 않는 것은 나의 죽음을 받아들이겠다는 것과 같다. 이것은 죽음에 대한 갈망이라 할 수도 있다. 프로이트는 인간에게 죽음을 지향하는 충동이 있다고 말한바 있다.[42] 죽음 앞에서 물러서지 않을 때 죽음 충동은 만족을 얻는다. 이것은 죽음 충동의 승화라고 할 수 있다. 내가 볼 때 정신분석가가 되기 위해서 필요한 것은 바로 이것이다. 분석가는 자기 죽음과 맞대면할 수 있어야 한다.

마지막으로 나는 내가 이러한 선택을 하게 된 것 역시 부모의 욕망과 멀지 않다는 사실을 지적해야겠다. 나의 아버지와 어머니는 분명 의식적으로는 자신들이 원하는 바를 나에게 강요하려고 했다. 하지만 그들의 욕망 앞에서 내가 물러서지 않고 나의 뜻을 관철할 때면 그들은 언제나 그것을 수용해 주었다. 마치 나에게 그들의 방해는, '내가 정말로 그것을 원하는지' 실제로 그렇게 험난한 길을 살기를 원하는지 확인하려는 시험처럼 느껴졌다. 내가 정신분석을

---

[42] 지그문트 프로이트, 윤희기·박찬부 옮김, 「쾌락 원칙을 넘어서」, 『정신분석학의 근본 개념』, 열린책들, 2003, pp.310~311

공부하겠다고 말했을 때, 나의 부모는 나에게 이렇게 말했다. "그런 삶이 쉽지는 않을 것이다." 이 말은 '쉽지 않은 삶이라도 네가 그것을 정말로 원한다면 지지하겠다.'라는 뜻이기도 했다. 그러한 부모의 '무의식적인' 지지가 없었다면 나는 내가 원하는 바를 이루기는 불가능했을 것이다.

 욕망의 영역에서 필요한 것은 바로 이러한 태도다. 욕망의 실현 앞에서 예상되는 고난과 역경 앞에서도 물러서지 않겠다는 태도를 보일 때, 그것은 그제야 진실한 욕망으로 인정받을 수 있다. 내가 분석가로 살면서 알게 된 것은 이러한 욕망의 상호 작용이 단순히 내 가족에서 벌어진 특수한 상황이 아니라는 점이다. 인간은 흔들리지 않는 욕망을 추구하는 타자를 욕망한다. 왜냐하면 그 어떤 사람도 자신의 욕망을 추구하는 과정에서 흔들리지 않을 수는 없기 때문이다. 인간은 흔들리지 않는 욕망을 추구하는 사람을 보며, 그는 나와 다른 사람이라는 사실을 알게 되고 타자의 욕망에 매혹된다.

 이것은 인정을 욕망하는 것과는 다르다. 물론 타자로부터 인정받기 위해서 나의 욕망을 포기하고 그 대가로 그들에게서 인정받고자 하는 인정 욕망을 가질 수도 있지만, 정신분석이 가르쳐 주듯 그러한 인정 욕망은 주체에게 증상을 유발하는 요인이다. 분석을 거친 정신분석가에게 필요한 것은 반대다. 분석가는 오히려 타자로부터 자신의 욕망을 인정받을 수 있어야 한다. 분석가는 욕망하는 존재로서, 그가 정신분석에 대해 꺾이지 않는 욕망을 가졌음을 타인이 인정할 수 있도록 만들어야 한다.

Part 8

대타자에서 소타자로

　　나는 정신분석 문헌을 연구하고 환자를 받으며 자기 분석을 이어 갔다. 그러다 2022년 나는 캐비닛을 새롭게 시작했다. '새롭게'라고 말한 이유는 임상에 대해서 이전까지 취해 왔던 나의 입장이 달라졌기 때문이다. 정신분석가는 '원칙(principe)'을 제시해야 한다. 원칙이라는 것은 주체의 쾌락과 불쾌와는 상관없이 지켜져야 하는 것을 의미한다. 만약 분석가가 원칙을 제시하는 입장을 포기한다면 분석은 진행되지 못한다. 새롭게 캐비닛을 시작하면서 나는 정신분석의 원칙을 굉장히 중요하게 생각하기 시작했고, 비로소 정신분석에서 분석가가 해야 할 일이 무엇인지 알 수 있었다.

　　앞서 6장에서 내가 분석했던 사례를 생각해 보자. 그 사례에서 환자는 자신이 말할 수 있는 것만을 말했을 뿐 말할 수 없는 것은 말하지 않았다. 환자가 말할 수 있는 것들을 위주로 분석을 진행할 때는 분석이 잘 진행되었지만, 내가 환자로 하여금 말할 수 없다고 생각하는 것들을 말하도록 요구하기 시작하자 분석은 종결되었다. 이것은 환자가 가능하다고 생각한 것의 범주 안에서 정신분석의 작업이 진행되었음을 의미한다. 또한 이런 갑작스러운 종결은 분석가와 환자 사이에서 전이라고 불리는 진정한 감정적 유대가 형성되지 않았음을 의미한다. 이는 다음과 같은 사실을 알려 준다. 환자가 할 수 있는 것만 하는 것으로는 전이가 형성되지 않으며, 이렇게 된다면 당연하게도 환자에게 심리적 변화가 일어나는 것은 불가능하다는 것이다.

분석가가 원칙을 제시해야 하는 이유는 정신분석의 특징 때문이다. 프로이트에 따르면 정신분석은 주체를 불가능한 것과 대면하도록 만든다. 프로이트에게 이 불가능성은 억압(refoulement)과 저항이라는 명칭으로 개념화되었다. 무의식은 억압된 것이며, 임상이 억압된 것에 다가갈수록 주체는 불가능함을 경험하게 된다. 주체는 그 불가능함 너머에 아무것도 없다고 생각한다. 따라서 주체는 불가능성을 극복하지 않고 자신이 가능한 것만을 행하게 된다.[43] 이것이 주체가 같은 패턴을 반복하는 이유가 된다. 주체가 진정으로 달라지기 위해서는 그 불가능성을 극복해야 한다. 정신분석은 '말'

---

43) 지그문트 프로이트, 임홍빈·홍혜경 옮김, 「16. 정신분석과 정신 의학」, 『정신분석 강의』, 열린책들, 2003, pp.343~344

이라는 도구를 통해 주체가 경험하는 한계를 돌파하는 작업이다.

　정신분석가는 주체가 할 수 없다고 생각하는 지점, 즉 저항이라는 불리는 그 지점에서 환자로 하여금 더 말하게 만드는 존재다. 그렇다면 어떻게 말할 수 없는 것을 말할 수 있게 할 것인가? 여기에서 원칙이 적용된다. "당신은 머릿속에 떠오르는 모든 것을 말해야만 합니다." 자유 연상은 아무렇게나 자신이 하고 싶은 대로 말하는 것이 아니다. 자유 연상은 일종의 의무이다. 정신분석은 주체가 원칙을 제시하는 타자를 만나고 그가 제시하는 원칙을 자신에게 적용하는 과정을 의미한다. 정신분석 과정에서 주체는 자신의 마음대로 행동할 수 없으며 정해진 원칙을 따라야 한다. 분석에서 주체는 누군가의 지도를 따라서 자신의 한계를 극복하는 작업을 해야 한다.

　나는 캐비닛을 열기 전 출간한 내 책 『정신분석 임상에서 질문의 기능』의 부제를 '나르시시즘적 사랑에서 거세의 수용으로'라고 정했다. 나르시시즘적 사랑이란 주체가 할 수 있는 것만을 하도록 요구하는 사랑을 의미한다. 이것이 왜 나르시시즘적인 것일까? 할 수 있는 것만 할 때 우리는 '완전하다'는 생각을 하기 때문이다. 할 수 없는 것을 할 때 우리는 우리 자신의 결핍을 인식해야만 한다. 이처럼 우리 자신의 부족함을 받아들이는 과정이 바로 '거세의 수용'이다.

　그러나 거세를 받아들이는 과정은 쉽지 않다. 거세를 수용하는 과정은 불쾌감을 유발하기 때문이다. 분석에서 주체는 자신의 부족함과 마주해야만 한다. 그리고 그 결핍은 분석가가 제시하는 원칙에 의해서 드러난다. 뿐만 아니라 분석가가 원칙을 제시할 때, 주체는 분석가의 원칙을 따라야 한다. 이 과정에서 분석가는 권위자로 설정되며, 주체는 그러한 구도 속에서 불쾌감을 겪게 되고 그것을 유발한 원인으로 분석가의 존재를 지목하게 된다. 즉 주체는 권위자로 설정된 분석가에게서 갈등을 겪게 되는 것이다. 정신분석에서는 이 갈등을 실제로 다룬다. 분석가와의 관계에서 실제로 갈등을 활성화시킨 뒤 거세를 수용할 수 없도록 만드는 것이 무엇인지 분석한다. 이는 나르시시즘적인 사랑과는 다르다. 나르시시즘적인 사랑은 결핍이 불러일으키는 불쾌감과 마주하지 않도록 만들어 주는 사랑, 갈등을 회피하는 사랑이다.

사실 모든 환자는 정신분석에서 원칙을 중단시켜 주기를 요구한다. 프로이트는 이를 저항이라는 이름으로 명명했다. 예를 들어, 환자는 생각나는 것이 아무것도 없으며 분석가가 주제를 정해 줬으면 좋겠다고 말한다. 분석가는 환자가 요구하는 것을 거절한다. 분석가로부터의 요구의 거절은 곧 자신의 존재를 거절당하는 것과 같이 여겨진다. 분석가가 자신의 요구를 들어주지 않는 이유가 곧 자신을 사랑하지 않기 때문으로 해석되기 때문이다. 주체는 여기서 자신의 결핍과 대면하게 된다. '왜 분석가는 나를 사랑하지 않는가?' 이는 무의식적으로 어머니의 사랑을 상실했던 유년기의 기억을 떠올리게 만든다.

이러한 좌절의 경험은 주체의 내부에서 리비도가 작동하도록 만든다. 좌절은 분석가를 성적 대상으로 만드는 요인이다. 분석가는 상실된 대상으로서의 어머니를 의미하게 되고, 상실한 어머니의 사랑을 되찾기 위해서 주체의 리비도가 움직이는 것이다. 문제는 이러한 리비도가 주체에게 억압되어 있다는 점이다. 리비도가 실제로 작동함에 따라 주체는 심리적으로 혼란을 겪게 된다.

　따라서 분석가가 원칙을 고수하기 시작하면 갈등이 발생한다. 또한 갈등을 유발하는 원인으로서 분석가가 지목된다. '당신만 없다면 나는 이런 고통을 겪지 않을 텐데.' 이때 환자는 불쾌해하며 분석을 거부할 수도 있다. 그렇다면 분석가는 이러한 상황에서 어떻게 대처해야 할까? 환자의 상황에 맞추어서 분석적 틀을 포기해야 할까? 그렇지 않다. 원칙이 포기되면 그것은 정신분석이 아니다. 분석가가 정신분석을 하지 않으면 환자는 분석적 효과를 볼 수 없다. 따라서 나는 분석가로서 환자의 요구를 거절하고 원칙을 지켰다. 만약 환자가 분석가로서 내가 제시하는 원칙을 따르지 않는다면 나는 환자에게 더 이상의 분석이 불가능하다는 입장을 취했다.

　이러한 태도를 보이면서 알게 된 사실이 있다. 정신분석을 원하는 환자에게는 한 가지 공통점이 있다. 주체는 자신의 요구가 분석가에 의해 거절당하길 바란다. 분석가가 주체의 요구를 거절함으로써 주체에게서는 욕망(désir)이 나타난다. 자신의 한계를 극복하고 무엇인가를 발화하고자 하는 욕망이 나타나는 것이다.

많은 분석가는 이러한 원칙을 제시하길 어려워한다. 분석가는 분석을 통해 돈을 벌어야 하기 때문이다. 대부분의 사업적인 관계에서는 일반적으로 상대방이 듣고 싶어 하는 말들을 해 줌으로써 좋은 관계를 형성하는 일종의 '거래'를 한다. 반대로 분석가는 환자가 불쾌해할 만한 말과 상황을 유발함으로써 돈을 번다. 그러므로 분석의 구도 속에서 분석가가 환자를 불쾌하게 만든다는 것은 곧 고객을 불쾌하게 만든다는 생각으로 이어질 수 있다. 수입이 걱정되는 분석가는 환자로 하여금 저항을 돌파하도록 만들지 못할 수 있다. 즉 분석가가 돈에 집착한다면 분석가는 자신의 역할을 하지 못할 수 있다. 이렇게 되면 분석은 실패하게 된다. 정신분석에서 갈등은 반드시 있어야 한다. 분석가는 갈등을 두려워해서는 안 되는데, 분석가는 환자와 '표면적으로' 좋은 관계를 유지함으로써 돈은 벌 수 있을지 모르지만, 분석적으로는 완전히 실패하고 말기 때문이다.

이런 상황을 타개하는 데 필요한 것이 원칙이다. 분석가는 환자와 갈등이 발생할 때 그 자기 생각이나 감정이 아니라 원칙적으로 행동해야 한다. 분석가는 환자에게 원칙을 제시하기 위해서 그 자신에게도 원칙을 적용해야 한다. 나 자신의 생각이나 감정 그리고 쾌락을 떠나서 더 높은 원칙을 따르는 것, 이것을 거세(castration)라고 할 수 있다. 분석가는 환자를 거세하는 존재이면서 그 자신도 정신분석의 원칙에 의해 거세된 존재이다. 나는 캐비닛을 시작하면서 '자유 연상'이라는 원칙을 강조했다. 대다수의 시간 나는 침묵하며 환자의 연상을 들었고, 명시적인 해석을 제시하지 않았다. 스스로 해석을 찾길 바랐기 때문이다. 당시 나는 법과 원칙, 그리고 아버지의 이름 같은 것들을 매우 중요하게 생각했다.

그런데 이 생각은 시간이 지나면서 조금씩 달라졌다. 원칙을 적용하는 데 있어서 유연성이 필요하다는 생각이 든 것이다. 물론 원칙을 중요하게 생각하는 태도는 변하지 않았다. 그러나 환자에게 원칙을 적용하기 위해서는 환자와 맞춰 가는 것 역시 중요하다는 사실을 알게 된 것이다. 이것을 알게 된 계기는 다음과 같다. 내가 처음 원칙을 강조할 때만 하더라도 나는 분석에 별다른 문제가 없다는 생각이 들었다. 애초에 그 원칙에 동의한 주체들이 분석을 시작했기 때문이다. 그런데 분석이 진행되면서 분석 주체들에게서 어떤 종류의 저항이 나타난다는 것을 알게 되었다. 이를테면 주체가 분석가의 '해석'을 바란다는 사실이 드러나기 시작했다. 분석 주체는 자신의 연상에 대해서 분석가가 어떤 말을 해 주기를 원했다.

나는 가능한 한 주체가 스스로 해석을 고안해 내는 방식을 사용한다. 사실 내가 침묵을 강조했던 이유 중 하나는 나의 분석 경험의 영향도 있다. 나의 분석가는 대놓고 해석하는 경우가 거의 없었다. 나는 몇 번 그에게 해석을 요구했지만, 그는 그것을 거부했다. 그래서 나는 대부분의 시간을 홀로 말했고, 그렇게 말해진 것들에 대해서 스스로 해석을 만들어 냈다. 나는 이러한 방식의 분석이 그다지 어렵다고 느끼지 않았다. 나는 내가 받게 된 주체들 역시 나와 동일하리라 생각했다. 이 생각은 오산이었다. 나는 내가 받았던 분석의 방식을 일괄적으로 나 이외의 다른 주체들에게도 동일하게 적용할 수 없었다. 나는 주체마다 성격이 다를 수 있다는 사실을 간과했던 것이다. 나는 각각의 주체에게 필요한 말과 전략이 무엇인지 고민하기 시작했고, 그에 맞는 태도를 보이기 위해 노력해야만 했다.

이 과정에 대해서 조금 더 자세하게 설명해 보겠다. 분석가가 원칙을 강조하며 결핍을 상기시키는 역할을 할 때, 주체에게서는 죽음 충동이 불러일으켜진다. 주체가 원칙을 따르기 위해서는 만족을 포기해야 하는데, 이때 주체의 내부에서 분석가를 향한 공격성이 나타나는 것이다. 프로이트식으로 말하자면, 어머니를 향한 오이디푸스적 욕망을 금지하는 아버지를 향해 부친 살해의 욕망이 나타난다고 할 수 있다. 이러한 상황은 주체를 불안하게 만든다. 주체는 원칙을 위반하려는 자신의 일부에 대해서 죄책감을 느낀다. 동시에 주체는 분석가가 자신을 비난한다고 생각하게 된다. 분석가가 주체의 '초자아(surmoi)'의 위치에 서게 되는 것이다.

이러한 상황이 발생하면 필연적으로 분석가와 주체 사이에 갈등이 발생한다. 무의식은 '갈등'이라는 형태로 자신을 드러낸다. 주체는 연상을 통해 분석가에 대한 자신의 환상들을 이야기할 수도 있다. 예를 들어, "선생님은 제가 이런 이야기하는 것을 원치 않으시겠지만…"이라는 식으로 주체가 운을 뗄 수 있다. 주체는 분석가가 자신의 연상을 원하지 않는다고 상상하는 것이다.

이때 분석가가 일방적으로 환자에게 원칙을 따르도록 강요하거나 '아무 말도 하지 않는다면', 즉 계속해서 침묵하게 된다면 환자에게서 분석가의 존재는 점점 초자아와의 동일시가 강화된다. 이러한 구도에서 원칙을 위반하고자 하는 주체의 부분은 감춰지고 주체는 타자에 대해서 올바르게 행동하는 방법을 배운다. 주체의 내부에는 분석가를 향한 증오가 도사리고 있지만 분석가와의 표면적 관계는 온화해진다.

내 경험에 따르면 이런 방식으로 분석이 진행되면 전이가 발생하지 않는다. 왜냐하면 전이란 주체의 무의식이 타자와의 관계 속에서 현행화(mise en acte)되는 것을 의미하기 때문이다. 분석가가 원칙을 제시할 때 감춰지는 것은 바로 분석가를 향한 저항이다. 전이는 저항이라는 방식으로 나타난다. 분석가는 환자가 저항을 감추도록 만들어서는 안 되며, 그 저항이 명백히 드러나도록 만들어야 한다. 저항이란 분석의 틀을 뒤흔드는 '위반적인 요소'를 말한다. 말하자면 분석가는 분석가 앞에서 '말할 수 없는 것'을 대놓고 말할 수 있는 상황을 만들어야 한다.

이를 위해서 주체의 저항이 나타날 때 분석가는 원칙을 일시 중지시켜야 한다. 분석가는 원칙을 중지시키고 주체의 템포에 맞춰 나가야 한다. 이것은 주체와 분석가 사이에 어떤 관계를 만들어 낸다. 분석가는 분석적 원칙을 제시하는 동시에 분석에서 드러날 수 없는 주체의 일부와 동맹을 맺는다. 이것이 분석가와 주체 사이에 전이가 형성되도록 한다. 여기서 우리는 앞서 8장에서 인용했던 프로이트의 "사실상 자아는 마치 분석 치료 중의 의사와 같이 행동한다."[44]라는 언급을 떠올려야 한다. 분석가에게 원칙에 대한 유연성이 없으면 정신분석의 원칙은 곧 환자에게서 초자아적인 성격을 띠게 된다. 즉 주체의 자아는 마치 자신이 분석가가 된 것처럼 자기 자신의 일부에 대해서 선험적으로 판단을 내려 버리는 것이다. 분석가는 주체의 입장을 옹호하기 위해 초자아적으로 변질된 원칙의 영향을 중단시킨다. 이때 주체는 분석가로부터 보호받는다고 경험하게 된다. 자아가 이드의 리비도적 대상이라면, 분석가는 주체의 리비도적 대상으로서 자신을 제시한다.

정신분석은 원리 원칙만을 강조하는 작업도 아니고 원칙을 배제하고 관계를 중시하는 작업도 아니다. 정신분석은 원칙을 지키는 동시에 주체에게 맞춰 나가는 작업을 한다. 이것이 정신분석을 어렵게 만드는 일이다. 보통 정신분석가들은 원칙이나 관계 중 어느 하나만을 강조하고는 한다. 프로이트-라캉 정신분석은 이 둘 다 한계가 있다고 지적한다. 왜 그럴까? 앞서 지적했듯이, 원칙만을 강조하는 것은 그것이 초자아적인 것으로 변질되기에 주체에게 말할 수 없는 것들이 발생하게 만든다. 하지만 '좋은 관계'만을 유지

---

[44] 지그문트 프로이트, 윤희기·박찬부 옮김, 「자아와 이드」, 『정신분석학의 근본 개념』, 열린책들, 2003, p.403

하는 것 또한 무의식이 불려 나오지 못 하게 만든다. 왜냐하면 '무의식'은 좋은 관계에서는 나타나지 않기 때문이다. 무의식이 활성화되기 위해서는 좌절이 필요하다. 좌절은 주체가 원칙과 마주할 때 발생한다. 즉 무의식은 원칙이 존재하는 상황에서만 나타난다. 그리고 프로이트-라캉 정신분석은 그렇게 불려 나오는 무의식과 손을 잡는다.

> 여성 환자가 사랑 전이를 시인하자마자 욕동을 억제하라고, 포기하라고, 승화시키라고 요구하는 것은 분석적인 것이 아니라 무분별한 것이다. 이것은 마치 정교한 주문을 통해서 저승으로부터 유령을 불러낸 다음에 질문 하나 던지지 않고 그 유령을 다시 저승에 보내려는 것과 같다. 억압된 것을 의식으로 불러일으키곤 놀라서 새로 억압하는 꼴밖에 안 되는 것이다.[45]

여기서 사랑-전이는 정신분석의 원칙을 위반하는 저항이라고 프로이트는 개념화한다.[46] 프로이트는 이 전이가 충동(해당 역서에는 욕동으로 번역되어 있다)이 불려 나오는 것이라 말하며, 그것은 억압된 것이라고 말한다. 정신분석 임상에서 무의식은 전이-저항이라는 형태로 분석가와의 관계 속에서 활성화된다. 분석은 이를 불러내야

---

45) 지그문트 프로이트, 이덕하 옮김, 「전이 사랑에 대한 소견」, 『끝낼 수 있는 분석과 끝낼 수 없는 분석』, 도서출판 b, 2004, p.134
46) 같은 책, p.132

하고 이것에 대해서 작업해야 한다. 전이는 주체의 성적 현실이다. 라캉이 말하듯, 전이는 무의식의 성적 현실의 현행화다. 쉽게 말하자면 전이를 통해 성적 존재로서의 주체가 나타나는 것이다.

초자아는 주체의 그 부분을 비난한다. 주체에게 초자아는 현실처럼 경험되기에, 주체는 분석가 역시 초자아처럼 자신을 비난할 것이라고 믿는다. 그렇기에 그는 자신의 진리를 감추려 한다. 하지만 완전히 감춰지는 것은 없다. 주체의 성적 현실은 감춰지는 동시에 드러난다. 그것은 암호화된 형태로 나타난다. 주체는 이러한 욕망을 말하지 못하고 행동으로 보여 준다. 분석가가 주체와 손을 잡기 위해서는 이 말해지지 않고 드러나는 부분을 알고 있다는 사실을 보여 주어야 한다. 분석가는 초자아와 달리 억압된 무의식적 주체의 편이라는 사실을 알려 주어야 한다.

실재한다고 가정되는 주체의 건강한 부분, 즉 전이 속에서 일어나는 것을 분석가와 같은 편에서 (올바로) 판단할 수 있다고 가정되는 건강한 부분에 의존하는 것은 바로 그 부분이 전이와 관련되어 있다는 사실을, 다시 말해 문, 창문 혹은 덧문, 뭐라 불러도 좋지만, 아무튼 그러한 것들을 닫아버리는 것이 바로 그 부분이라는 사실을 간과하는 것입니다. 자신들이 이야기를 나누고 싶어 하는 미녀가 덧문 뒤에서 그 덧문이 다시 열리기만을 요구하고 있다는 사실을 간과하는 것이지요. 그 순간에 해석이 결정적으로 되는 것은

바로 이 때문입니다. 우리가 말을 걸어야 하는 것은 바로 그 미녀니까 말입니다.[47]

여기서 라캉이 미녀라고 부른 것이 바로 무의식이다. 라캉이 비판하는 것은 정신분석가가 환자의 건강한 부분과 동맹을 맺는다는 생각이다. 라캉은 작업 동맹 자체를 문제 삼는 것이 아니다. 정신분석에는 분명 동맹이 존재한다. 잘못된 것은 동맹의 대상이다. 라캉이 볼 때 분석가가 동맹을 맺는 대상은 환자의 건강한 부분이 아니라, 환자 스스로 병들어 있다고 간주해서 감추고 싶어 하는 부분, 즉 초자아에 의해서 비난받는 부분인 무의식이기 때문이다. 라캉은 프로이트와 마찬가지로 그렇게 억눌려 있는 주체의 일부분을 분석가가 수용할 수 있어야 한다고 말한다. 이러한 태도를 보이니 나는 전이가 무엇인지 이해할 수 있었다. 분석가가 제대로 처신한다면 분석가와 주체 사이에는 매우 강력한 종류의 연결이 발생한다.

이를 위해서는 분석가가 매우 많은 부분에서 타협해야 한다. 이를테면 분석가는 환자에게 원칙을 제시하지만 그것을 강요하지는 않아야 한다. 강요하지 않는 것이 중요하다. 만약 환자가 더 이상 연상이 불가능하다고 말하면 그것을 중단시킨다. 그리고 어떤 점에서 어려웠는지 대화를 나눠 보고, 어떻게 하면 그것들을 극복할 수

---

47) 자크 라캉, 맹정현·이수련 옮김, 『세미나 11—정신분석의 네 가지 근본 개념』, 새물결, 2008, pp.198~199

있는지 가르쳐 준다. 그렇다고 해서 분석가가 무조건 환자에게 맞춰 주어서도 안 된다. 분석가가 원칙을 중단시키며 환자에게 타협할 때는, 언젠가는 환자가 그 원칙을 따라야 한다는 사실을 말하는 것을 잊지 않아야 한다. 만약 이러한 말하기가 없다면 원칙 자체가 부재한 상황이 되고, 원칙에 저항하는 주체의 일부는 불려 나오지 않게 된다.

나는 임상을 하면서 이러한 '타협'의 태도가 굉장히 중요하다는 사실을 알게 되었다. 분석가가 주체와 타협할 수 있을 때, 주체의 공격성은 사그라들고 분석가를 향한 불안도 가라앉는다. 분석가와 주체의 관계는 공고해진다. 주체는 분석가를 신뢰하기 시작하며 분석가를 특별한 대상으로 간주한다. 주체는 분석을 빠르게 중단하기보다는 장기간에 걸쳐 확실하게 받길 원하게 된다. 때로 주체는 분석이 조기에 종결될까 봐 두려워하는 태도를 보이기도 한다. 말하자면 주체의 편에서 '자발적인' 분석에 대한 욕망이 나타나기 시작하는 것이다.

그렇다면 이때 분석가가 취하는 포지션은 무엇일까? 전이는 주체의 성적 현실이다. 성적 존재로서 주체가 원하는 대상, 대상으로서의 타자(autre)가 바로 정신분석가이다. 즉 내가 분석에서 취하는 입장은 변화했다. 캐비닛을 처음 시작할 때 나는 원칙을 발화하는 역할을 맡았다. 분석이 진행되면서 나는 원칙을 제시하기는 하지만, 환자를 위해 원칙을 중단시키는 역할도 하게 되었다. 라캉식으로 표현해 보겠다. 처음에 나는 상징적인 질서를 주체에게 부여하는 대타자의 입장을 취했다. 이후 나는 대타자(Autre)의 자리에서 대상으로서의 소타자(autre)로 포지션을 변경했다.

내 경험에 의하면 분석가가 원칙을 고수할 때는 몇몇 주체들만이 분석을 받을 수 있다. 그 이외의 많은 경우, 주체들은 정신분석의 구조를 감당하지 못할 수도 있다. 심지어 원칙을 잘 따르던 주체들 역시 몇 년의 시간이 지나면 저항적인 반응을 보이게 된다. 이는 원칙이 조건 없이 적용되어서는 안 된다는 사실을 알려 준다. 원칙은 중요하지만, 각각의 주체들의 사정에 맞추어 적용되어야 한다. 이는 모든 주체를 같은 방식으로 분석할 수 없다는 것을 의미한다. 정신분석가는 각각의 주체의 특성을 고려하여 정신분석을 새롭게 만들어 내야만 한다.

Part 9

원칙의 운용

        정신분석 임상을 하면서 나는 점차 정신분석가의 역할에 대하여 새롭게 정의하게 되었다. 정신분석가는 자신이 옳다고 생각하는 바를 경직된 방식으로 환자에게 적용해서는 안 된다. 만약 이렇게 되면 분석은 필연적으로 곤경에 부딪히게 된다. 환자의 리비도는 분석가가 제시하는 원칙을 위반하는 형태로 나타날 것이기 때문이다. 만약 그 환자가 착한 환자여서 자신의 쾌락을 분석가의 쾌락을 위해 양보한다면, 환자는 불만족스러운 상태가 될 것이다. 이러한 불만족은 당연히 증상이라는 형태로 나타나게 된다.

  따라서 분석가는 원칙을 제시하는 입장임과 동시에 환자가 자신의 고유성을 드러낼 수 있도록 언제든 타협할 수 있다는 입장을 취하는 것이 바람직하다. 분석가는 유연해야 한다는 뜻이다. 단, 분석가의 타협은 어디까지나 분석의 원칙을 해치지 않아야 한다. 아버지 콤플렉스를 겪는 분석가라면 이러한 입장을 취할 수 없다. 원칙은 부성적인 것을 상징한다. 아버지 콤플렉스를 겪는 주체는 두 가지 입장을 취하게 된다. 아버지에게 맹목적으로 복종하거나 아니면 무조건 반항하거나. 분석가 역시 덜 분석된다면 같은 문제를 겪게 된다. 프로이트는 이를 각각 당파심과 적대감이라는 용어로 설명한다.

유감스럽게도 다른 일도 일어난다. 우리는 이것에 대해 인상에 의존해서 기술할 수밖에 없다. 한편에는 적대감이 있고 다른 한편에는 당파심이 있으면 객관적인 연구에는 도움이 안 되는 분위기가 만들어진다. 많은 분석가가 방어 메커니즘을 이용하여 분석의 결론과 요구를 자신으로부터 다른 데로-아마도 다른 사람에게로-돌림으로써 분석의 비판적, 교정적 영향을 회피하면서 자신의 상태에 그대로 머물러 있는 법을 배우는 것 같다.[48]

프로이트가 말하듯 분석가에게 요구되는 입장은 이것이 아니다. 당파심과 적대감은 분석가가 분석의 결론과 요구를 잊어버린 탓

---

48) 지그문트 프로이트, 이덕하 옮김, 「끝낼 수 있는 분석과 끝낼 수 없는 분석」, 『끝낼 수 있는 분석과 끝낼 수 없는 분석』, 도서출판 b, 2004, p.372

에 발생하는 결과다. 원칙은 무조건적으로 지켜야만 하는 것이 아니다. 원칙은 분명 지키는 것이 좋다. 그러나 분석가는 개별 주체의 사정으로 인해 그러한 원칙을 지키지 못하는 경우도 있음을 분명히 이해해야 한다. 분석가가 원칙을 지키는 것은 분명 바람직하지만, 이것은 주체의 성격과 사정을 고려하며 이루어져야 한다.

나는 분석에 종사하는 의사들이 이 규칙들을 고려함으로써 불필요한 노력을 절약하고 여러 가지를 간과하지 않도록 하는 데 도움이 되었으면 한다. 하지만 이 기법이 바로 나의 개성에 맞게 만들어졌다는 사실을 분명히 지적해야겠다. 나는 완전히 다른 기질의 퍼스낼리티를 가진 의사가 환자에 대해 그리고 풀어야 할 과제에 대해 나와는 다른 태도를 취할 수밖에 없을지도 모른다는 것을 감히 부정할 생각은 없다.[49]

프로이트 역시 같은 입장을 취했다. 프로이트는 냉정하고 엄격한 정신분석의 아버지로 알려졌지만, 이것은 오해다. 그는 정신분석에 필요한 규칙을 만들었지만, 그 규칙이 자신의 개성에 맞게 만들어졌다는 사실을 숨기지 않는다. 프로이트에게 있어 정신분석의 규칙은 기계적으로 적용되는 것이 아니라는 뜻이다. 프로이트와 다

---

49) 지그문트 프로이트, 이덕하 옮김, 「정신분석 치료를 행하는 의사에게 하고 싶은 조언」, 『끝낼 수 있는 분석과 끝낼 수 없는 분석』, 도서출판 b, 2004, p.47

른 성격을 가진 분석가라면 분석에 대해 다른 태도를 보일 수 있음을, 프로이트 본인이 인정하고 있다. 나는 이러한 프로이트의 태도를 '원칙 없음의 원칙'이라고 부르고 싶다.

정신분석에서 필요한 원칙은 바로 원칙 없음의 원칙이다. 물론 이는 분석을 아무렇게나 해도 된다는 뜻은 아니다. 분석에서 반드시 지켜져야 하는 원칙은 세 가지다. 첫 번째로, 자유 연상이 있다. 환자는 분석에서 무엇이든 말할 수 있다. 혹은 말로 하는 것이라면 무엇이든 가능하다. 두 번째로, 분석가와 환자는 서로 신체 접촉을 하지 않아야 한다. 이렇게 해야만 분석가는 상상적이고 상징적인 대상으로 존재할 수 있다. 마지막으로 분석가는 반드시 분석료를 받아야 한다. 그래야 분석가는 자신의 분석 행위에 책임감을 가질 수 있고 환자 역시 불필요한 죄책감에서 벗어날 수 있다.

이 틀이 지켜지는 한에서, 분석가는 주체가 분석실에서 자유로움을 경험할 수 있도록 해야 한다. 주체가 언어를 통해 분석에서 자유롭게 자신을 드러낼 때 분석가는 주체의 리비도적 대상이 될 수 있기 때문이다. 분석가가 주체의 대상 a로 위치하는 것이 분석 임상의 핵심이다. 프로이트가 말하듯, 결핍된 환자는 분석에서 자신이 만족을 얻는 방법을 반복한다. 분석가는 그 반복을 명민하게 알아챈 후 주체가 원하는 환상 대상으로 위치해야 한다. 분석가가 성공적으로 처신할수록 주체에게 있어서 분석가는 점차 중요한 존재가 된다. 주체는 분석가를 단순히 비용을 주고 고용한 사람이 아니라,

자신의 삶에서 매우 중요한 역할을 하는 타자로 경험하게 된다.

이처럼 중요한 타자는 주체의 과거에도 있었다. 분석가는 과거에 중요했던 인물의 후광을 이어받는다. 이것이 바로 진정한 형태의 전이다. 전이의 사전적 의미는 자리나 위치를 옮기는 것을 뜻한다. 전이가 일어나면 주체의 리비도 집중이 한 대상에서 다른 대상으로 옮겨가게 된다. 분석가는 전이의 후광을 입고 과거의 중요한 대상이 했던 실책을 바로잡아야 한다. 그렇다면 분석가가 바로 잡아야 하는 실책이란 무엇일까?

만약 금기시되는 소원 충동을 그 충동 자체하고 관련된 바로 그 사람 앞에서 고백해야 한다면 그 고백이 특히 어려워질 것이 분명하기 때문이다. 만약 그런 상황에서 (고백을) 강요한다면 현실에서는 (그 고백은) 거의 실현될 수 없어 보인다. 자신의 감정 충동의 대상과 의사를 일치시킬 때 피분석자가 노리는 것이 바로 이것이다. 이것이 이득을 주는 것 같지만 좀 더 깊이 생각해 보면 문제의 해결책이 될 수는 없다. 그것은 애정이 어린 그리고 아주 헌신적인 애착 관계가 다른 한편으로 고백에 따르는 모든 어려움을 극복하는 데 도움이 되기 때문이다. 실제(분석 상황이 아니라) 상황에서 비슷한 경우에 우리는 이렇게 말하곤 한다. 당신 앞에서는 나는 부끄럽지 않아요. 나는 모든 것을 당신에게 말할 수 있어요. 그러므로 의사에의 전이는 고백을 쉽게 하는 데에도 마찬가지로 기여할 수 있

다. 따라서 우리는 왜 전이가 (분석에) 어려움을 불러일으키는지 이해할 수가 없다.[50]

프로이트가 전이-저항이라고 말한 것은 어떤 타자 앞에서 그 타자와 관련되어 말할 수 없다고 생각하는 것들을 실제로 말할 수 없는 상황을 가리킨다. 과거의 대상이 저질렀던 실책은, 그 대상 앞에서 특정한 말을 할 수 없도록 만든 것이다. 이 대목이 그리 특별해 보이지 않는다면 조금만 생각해 보자. 누구든지 듣기 좋아하는 말과 싫어하는 말이 있다. 싫어하는 말을 하게 되면 싸우게 되며 듣기 좋은 말을 해야 좋은 관계가 유지된다. 누구건 이런 상황에 대해 그리 의문을 품지 않을 것이다. 이러한 관계의 평범함에는 의문의 여지가 없지만, 정신분석은 이 평범함이 증상을 만들어 낸다는 사실을 발견했다. 예를 들어 아버지로부터 사랑받기를 원하는 아이는 아버지가 싫어할 만한 자신의 모습을 무의식으로 억압하게 되고 이로 인해 증상에 시달리게 된다.

따라서 증상을 해소하기 위해서는 그 관계 안에서 말할 수 없는 것이 없어져야 한다. 특히 정신분석가와 관련하여서 말할 수 없는 것이 없어야만 한다. 따라서 프로이트는 분석가 앞에서 말할 수 없는 것을 감추는 행위를 저항으로 보았던 것이다. 통상의 경우라면

---

50) 지그문트 프로이트, 이덕하 옮김, 「전이의 역동에 대하여」, 『끝낼 수 있는 분석과 끝낼 수 없는 분석』, 도서출판 b, 2004, p.38

예의 바르다는 평가를 받을 행위에서 정신분석가는 불쾌감을 경험한다. 분석가는 관계의 유지를 위해 서로에게 아주 솔직하고 정직한 태도를 요구하는 존재다.

여기서 프로이트가 논하는 상황은 환자가 분석가에게 애정을 품는 상황이다. 누군가를 사랑할 때 그 사람 앞에서 사랑을 고백하는 일은 굉장히 어렵다는 것은 경험을 통해서도 쉽게 알 수 있다. 프로이트 역시 이에 대해서는 크게 이상하다고 생각하지 않는다. 그런데 여기서 프로이트는 다음과 같은 의문을 던진다. 그는 '애정 어린 그리고 아주 헌신적인 애착 관계'에서는 다른 일이 벌어진다는 사실을 제시한다. 그러한 상황에서 주체는 타자를 위해서 모든 것들을 말한다. 왜냐하면 그를 사랑하기 때문이다. 여기서 우리는 두 가지 사랑을 구분할 수 있다. 첫 번째 사랑은 사랑하기 때문에 말할 수 없는 사랑이다. 두 번째 사랑은 사랑하기 때문에 말할 수 있는 사랑이다.

프로이트가 무슨 말을 하는지는 다음과 같은 상황을 상상해 보면 쉽게 이해할 수 있다. 아내를 사랑하지만 사랑한다고 말하기가 쑥스러워서 퉁명스럽게 행동하는 남편을 생각해 보자. 자기 남편에게 성적인 욕구가 있지만 수치심 때문에 그것을 감추는 여성의 사례는 어떤가? 이 두 사례에서 주체가 중시하는 것은 자신의 생각과 감정을 자신이 사랑하는 사람에게 표현하는 것이 아니다. 주체는 '체면', 즉 자신이 어떻게 보이는지를 더욱 중요하게 생각한다. 주체는 자신이 사랑하는 사람과 소통하는 것보다 자신의 체면을 더욱 중시하는 것이다. 프로이트가 보았을 때 이러한 사랑은 허울뿐인 사랑이며 진정한 사랑이 아니다.

우리는 프로이트가 원했던 것이 무엇인지 알 수 있다. 프로이트는 진정한 사랑을 원했다. 그는 상대방을 사랑하기 때문에 그 어떤 것이건 말하고 표현할 수 있는 사랑을 원했다. 나는 라캉을 따라 이러한 사랑을 '보다 진정한 사랑(amour plus digne)'이라고 말하고자 한다. 보다 진정한 사랑은 사랑하기 때문에 모든 것을 드러내고 싶은 것을 의미한다. 많은 경우 사람들은 사랑을 받기 위해서 '좋은 모습'만을 보여 주려고 한다. 그러한 모습들을 보여 줌으로써 사랑을 받는다면 과연 그것을 진정한 사랑이라고 할 수 있을까? 프로이트의 관점을 따르자면 그러한 사랑은 진정한 사랑이 아니다. 그것은 서로가 쓴 가면만을 사랑하는 것에 불과하기 때문이다.

이러한 사랑법의 이면에는 그 가면이 벗겨지고 실재가 드러난다면 그 사랑은 깨져 버릴 것이라는 불신이 있다. 이러한 불신은 진정한 유대를 불가능하게 한다. 주체와 타자 사이에는 눈에 보이지 않는 장벽이 존재한다. '보다 진정한 사랑'은 다르다. 그 사랑에는 장벽이 없다. 사랑하는 사람과 사랑받는 사람 사이에 장벽이 허물어지는 것이다. 이 장벽의 다른 이름이 '저항'이라는 것을 다시 한번 되짚을 필요가 있을 것 같다. 정신분석은 장벽으로서의 저항을 허물어트리는 작업이다.

그(인용자 주: 분석가)는 세션 전이나 후에 (환자가) 말한 것에 주목해야 하며 그것을 이용할 기회가 생긴다면 바로 이용해야 한다. 이런 식으로 환자가 쌓아 올리려고 하는 칸막이벽을 무너뜨려야 한다.[51]

정신분석가로서 프로이트는 환자와 보다 진정한 관계를 맺길 원했다. 분석가는 돈을 받고 진정한 사랑의 대상이 되어야 하는 존재다. 환자를 나아지게 만드는 것은 분석가의 지식이 아니라 이 애정관계다. 바로 당신이기에 무엇이건 드러낼 수 있는 관계, 그럼에도 불구하고 무너지지 않는 관계가 바로 분석가와 주체의 관계다. 따라서 정신분석은 결코 가벼운 작업이 아니다. 정신분석은 아주 진중한 작업이다.

정신분석가는 보다 진정한 사랑의 대상이 되어야 한다. 상상적인 나르시시즘에 갇힌 사랑이 아닌, 타인을 위해 나의 존재를 내줄 수 있는 그런 종류의 헌신적 사랑을 유발할 수 있어야 한다. 분석가는 그러한 사랑을 '받는' 존재가 되어야 한다. 그렇다면 이러한 진정한 사랑은 어떻게 해서 형성되는 것일까? 나는 앞서 이 답을 먼저 이야기했다. 분석가가 진정한 사랑을 형성하기 위해서는 주체의 무의식적 대상이 되어야 한다. 보다 진정한 사랑은 무의식에 대한 지식

---

51) 지그문트 프로이트, 이덕하 옮김, 「치료의 개시에 대하여」, 『끝낼 수 있는 분석과 끝낼 수 없는 분석』, 도서출판 b, 2004, p.95

을 가진 사람에게 나타난다.

분석가가 주체의 대상이 되기 위해서는 분석의 세팅, 즉 구조에 대해서 매우 진지하게 생각해야 한다. 분석가는 경직되어서는 안 되며 유연해야 한다. 이 점에 주목하여 나는 여기서 시간의 중요성을 말하고자 한다. 왜냐하면 분석가들은 시간과 관련하여 아주 경직된 태도를 보이기 때문이다. 많은 분석가는 원칙적으로 분석 시간에 대하여 40~50분을 고집하고는 한다. 그러나 기계적으로 시간을 운용하는 분석은 크게 효과를 발휘할 수 없으며 오히려 분석에 해를 끼친다. 분석가는 시간을 가변적으로 운용할 수 있어야 할 뿐만 아니라, 즉 짧은 상담(séance courte)뿐만 아니라 통상적으로 정해진 시간보다 길게 지속되는 '긴 상담(séance longue)'도 할 수 있어야 한다.

왜냐하면 핵심은 분석 시간의 길이가 아니기 때문이다. 가변적 분석 시간의 핵심은 분석가가 주체와 만나는 시간을 원한다는 사실을 드러내는 데 있다. 그러니 분석가가 주체에게 얼마만큼 관심을 보이고 있느냐는 분석가가 시간을 운용하는 방식에서 나타날 수밖에 없다. 분석가는 환자가 하고 싶어 하는 말이 있다면 끝까지 들어주려고 해야 하며, 가능하면 먼저 분석을 끝내려고 하지 말아야 한다. 심지어 그날 정해진 분석 시간이 지나갔다고 하더라도 말이다. 이러한 관계에서 주체는 분석가가 자신에게 진지한 관심을 두고 있다는 느낌을 받게 된다.

환자에게 할 말이 아직 남아 있는데도 불구하고 분석가가 정해진 시간이 되었다는 이유로 분석을 중단한다면, 주체는 이 상황에서 분석가가 자신의 이야기보다는 '시간'을 준수하는 데 관심이 있다고 생각하게 된다. 내가 40~50분의 분석 시간을 비판했던 이유는 바로 여기에 있다. 분석가의 경직된 태도는 지나치게 사무적인 인상을 불러일으킨다. 환자는 분석가와 개인적인 관계를 맺고 있다고 느끼기보다는 그의 수많은 고객 중 한 명이라는 인상을 받는다. 이러한 관계에서는 전이가 불러일으켜지지 않는다.

분석의 핵심적 동력은 바로 긍정적 감정을 불러일으키는 '관심'이다. 라캉은 이것을 분석가의 욕망이라고 표현했다. 정신분석가는 환자를 욕망해야 한다. 내가 볼 때 라캉보다 덜 유명한 분석가는 환자를 가능한 한 오래 그리고 자주 보길 원해야 한다. 하루에 몇 명 정도의 환자를 보는 분석가들이라면 특히 그렇다. 시간을 칼같이 지키기보다는 할 수 있다면 시간을 유연하게 운용하며 분석을 정확하고 밀도 있게 진행할 수 있는 태도를 갖추어야 한다. 중요한 것은 시간이 아니기 때문이다.

분석가는 시간을 지키는 것이 아니라 그날의 분석이 제대로 이루어질 수 있도록 노력해야 한다. 내가 볼 때 분석가는 정해진 시간을 넘겨 세션을 진행하는 것도 할 수 있어야 한다. 이러한 분석가의 태도는 주체가 분석가에게 애정 어린 감정을 가지게 만든다. 만약 분석가가 분석을 중단한다면, 그것은 거기에서 매우 중요한 것이 나타났거나 환자가 면담을 끝내고 돌아가길 원하는 상황 혹은 다음 환자(다른 사정)가 있어서 분석을 끝내야만 하는 상황이다. 즉 분석가는 환자와 더 있고 싶어 하지만 그사이를 갈라놓는 제3의 요소로 인해서 분석을 끝내야만 하는 상황을 만들어야 한다. 이러한 삼각관계는 유아와 어머니의 애정적 결합과 그것을 금지하는 아버지를 떠올리게 만든다.

> 가끔 평균적인 수준인 한 시간 이상을 들여야 하는 환자들을 만나기도 한다. 왜냐하면 그들이 한 시간의 대부분을 [서먹한 분위기가] 풀어져서 [마음속의] 이야기를 털어놓게 되는 데 써버리기 때문이다.[52]

프로이트는 시간을 가변적으로 운용했다. 프로이트는 경직되고 기계적인 방식으로 시간을 운용하지 않았다. 가변적 분석 시간을 사용한 최초의 분석가는 프로이트다. 내가 볼 때 라캉의 짧은 상담은 프로이트식의 '가변적 상담 시간'을 사용한 결과로 나타난 테크닉이다. 시간의 길고 짧음은 중요하지 않으며, 보다 중요한 것은 그날 작업의 질이다.

이를 위해 분석가는 시간에 대해서 유연해야 한다. 분석가는 자신을 만나러 오는 주체를 위해 추가적인 시간을 할애하는 걸 두려

---

52) 같은 책, p.77

위해서는 안 된다. 이런 식으로 시간을 운용할 수 있다는 것은 분석가가 주체를 위해서 희생하고 헌신할 수 있음을 드러낸다. 주체가 분석가에게 진정한 사랑을 갖길 원한다면 분석가 역시 주체를 위해 헌신할 준비가 되어 있어야 한다. 나는 나의 환자들과 분석하면서, 아직 할 말이 남았는데도 별다른 이유 없이 시간이 되었다는 이유로 환자를 되돌려 보내는 분석가에게 주체의 무의식은 열리지 않는다는 사실을 배울 수 있었다.

Part 10

학교에 대한 욕망

      정신분석가가 되기로 결정했을 때, 나에게는 한 가지 문젯거리가 있었다. 정신분석가로 소속되어 활동할 수 있는 단체가 없었기 때문이다. 물론 당시에도 여러 정신분석 단체가 있었지만, 그 단체들의 지향점은 나의 것과는 일치하지 않았다. 나는 라캉의 가르침과 같이 프로이트를 중요하게 생각했다. 정신분석은 프로이트가 만들었으므로, 정신분석에서 프로이트의 권위를 인정하는 것은 당연해 보였기 때문이었다. 그러나 한국의 수많은 정신분석 단체는 프로이트의 권위를 인정하지 않는 듯 보였다. 그들에 따르면 프로이트는 고전적이고 낡았을 뿐만 아니라, 편협하고 억압적이다. 나는 프로이트적 정통성으로부터 이탈한 듯 보이는 단체들에 가입하고 싶지 않았다.

그리하여 나는 단체에 소속되지 않고 홀로 활동하기로 결정했다. 쉽지 않은 결정이었다. 나는 당시 정신분석가에게는 반드시 기관의 인정이 있어야 한다고 생각했다. 기관의 인정이 있어야만 환자가 온다고 믿었기 때문이다. 예비 환자들이 나를 믿지 못할지언정 나의 배후에 존재하는 기관은 믿을 수 있겠다고 생각했다. 그러므로 소속 없이 독립적으로 활동하기로 결정했을 때 나는 당연히 불안함을 느끼게 되었다. '나에게 환자가 올까?' 나는 이 불안도 분석해야만 했다.

앞서 언급했듯 환자가 오지 않을지도 모른다는 불안은 경제적인 이득과 무관하지 않았다. 어느 정도 이상의 환자가 확보되어야 분석가로서 삶을 이어 나갈 수 있기 때문이다. 그러나 여기에는 다른 요소 또한 존재한다. 바로 권위다. 권위를 가진다는 것은 무엇인가? 분석가로서 활동하기 시작한 지 얼마 안 되었다면 사람들이 나를 의심의 눈초리로 바라보는 것이 당연한 일이다. 그러한 나에게 과연 분석을 받고자 하는 사람이 나타날까? 하지만 권위가 없는 사람들이 모두 생계를 이어 나가지 못하는 것은 아니다. 나는 무엇인가 방법이 있으리라고 믿었다.

나는 대중과 소통하는 방식을 선택했다. 나는 내가 어떤 사람이고 어떤 생각을 하고 있으며, 어떤 작업을 하는지 대중에게 공개하기로 했다. 책을 써서 출간했고 꾸준히 블로그를 운영하며 정신분석에 대한 글들을 공개했다. 이러한 작업을 하다 보면 많은 사람들의 관심을 끌 수는 없을지라도 정신분석을 진지하게 생각하는 이들과 만날 수 있으리라고 믿었다. 그러는 와중에 한두 명의 환자라도 받을 수 있다면 좋은 일이라고 여겼다. 그 경험을 발판 삼아 분석가로서 나의 역량을 발전시킬 수 있기 때문이다. 내가 꾸준히 발전하는 도중에 내가 스스로 발전한 모습을 타인에게 공개한다면 언젠가는 대중으로부터 분석가로서 나의 능력을 인정받을 수 있을 것이라고도 믿었다.

실제로 나는 다른 일을 병행하며 간간이 환자를 받게 되었다. 이렇게 살아가기로 결정한 후에도 많은 어려움이 있었다. 사실 미래가 불투명했다는 것보다 더 큰 문제가 있었다. 나에게 있어서 가장 중요한 문제는 '과연 내가 프로이트적 정통성을 충실히 따르고 있는가?'였다. 나는 '정신분석이란 무엇인가?'라는 질문에 대답할 수 있어야만 했다. 누구도 아닌, 바로 나 자신에게 말이다. 나 스스로 정신분석에 대해서 제대로 설명할 수 없음에도 불구하고 다른 이들에게 당당할 수는 없었다. 나는 무엇보다 스스로에게 떳떳하길 원했다.

그러나 내 주변에는 정신분석에 대하여 가르침을 청할 사람이 없었다. 나는 처음부터 끝까지 혼자서 공부해야만 했다. 그래도 한 가지 다행이었던 점은 나 스스로 분석의 방향을 정하는 데 도움이 되는 요인이 있었다는 점이다. 나의 임상 실천에 있어서 가장 중요한 이정표가 되었던 것은 바로 나의 분석 경험이었다. 나는 카우치에 누워서 자유 연상을 하는 것이 굉장히 큰 도움이 된다는 사실을 직접 경험했다. 나는 분석을 받으면서 아주 불쾌한 심리적 고통이 반복될 때, 그것이 증상이며 분석적인 방법을 통해 해소될 수 있다는 사실을 경험했던 것이다. 증상이 분석되면 불쾌한 심리적 고통은 사라진다. 그리고 분석적인 방법이란 바로 자유 연상을 말한다. 내가 할 일은 이 경험을 타인에게 전수하는 것이었다.

하지만 내가 프로이트의 방법을 타인에게 적용하려 할 때 여러 문제가 나타났다. '과연 다른 사람들이 시간도 오래 걸리고 비용도 많이 드는 정신분석을 받으려고 할까?', '과연 사람들이 그저 자유롭게 말하는 실천에 대해서 비용을 내려고 할까?' 나는 '다른 사람들은 정신분석을 원하지 않을 것'이라고 생각하고 있었다. 나는 정신분석에 관심이 많아서 분석을 받았지만, 과연 다른 사람들도 나와 같은 태도를 보일지는 알 수 없었다. 나는 불안했고 어떻게 행동해야 할지 몰랐다.

그럼에도 불구하고 내가 분석을 통해 알게 된 사실은 삶에서 당면한 많은 문제는 심리적인 원인을 가지며, 그것은 분석을 통해 해결할 수 있다는 점이다. 따라서 나는 심리적 갈등이 발생하게 되면 쉽게 움직이기보다는 그 문제에 침잠하고 연상하며 분석을 시도한다. '나는 도대체 왜 이런 상황에서 고통을 겪어야 하는가?', '내가 정말로 원하는 것이 무엇인가?' 나는 '다른 사람들은 분석을 원하지 않을 것'이라는 생각을 분석했다. 분석의 결과는 충격적이었다.

정신분석의 가치를 의심하는 사람은 다른 사람들이 아니라 나 자신이었기 때문이다. 다른 사람들의 생각을 전부 알 수 없음에도 불구하고, 나는 마치 어떤 측면에서 타인들의 생각을 아는 것처럼, 그것이 마치 현실인 것처럼 간주하며 불안해했던 것이다. 내가 생각하는 다른 사람들이란 나 자신의 다른 면에 불과했다. 내 안에 있는 또 다른 나는 정신분석이라는 실천의 가치에 대해 폄하하고 있었다.

정신분석에서 자유 연상은 매우 핵심적인 실천이다. 카우치에 누워서 무엇이든 말로 표현하는 것은 단순한 행위가 아니다. 우리의 일상에서는 이러한 말하기가 금지되어 있기 때문이다. 자유 연상은 주체 내부에서 금기시된 어떤 종류의 사고들을 입 밖으로 꺼내는 행위다. 분석에서 주체는 단 한 번도 스스로 말해 본 적 없는 것들을 '타자의 앞에서' 말하게 된다.

이는 자신 안에 그러한 생각들이 존재한다는 사실을 인정하지 않고서는 불가능한 행위이다. 또한 주체의 자유 연상은 그것을 경청하는 타자의 현존을 전제한다. 이는 주체가 자신의 존재를 수용할 수 있는 타자를 요구한다는 의미와도 같다. 그러므로 자유 연상은 단순한 말하기가 아니다. 그것은 존재 자체에 변화를 유발하는 행위이다. 자유 연상을 할 때 주체는 말이라는 영역에서 타자에 대해서 지금까지와는 다른 태도를 보이게 된다.

그렇다면 자유 연상은 무의식일까? 자유 연상이 무의식을 드러내는 행위임은 틀림없다. 그런 까닭에 나는 오랫동안 자유 연상 자체를 무의식이라고 생각해 왔다. 라캉식으로 말하자면 자유 연상을 통해 드러나는 기표의 연쇄 자체가 무의식이라고 보았다. 그런데 임상을 하다 보니 생각이 달라졌다. 자유 연상은 무의식 자체가 아니라 무의식을 드러내는 행위이다. 무의식은 기표의 연쇄 그 자체가 아니다. 그렇다면 무의식은 말실수로 대표되는 기표의 연쇄 속에 존재하는 헛디딤이나 비틀거림인가? 그 안에서 무의식은 스스로 드러나는가? 그렇게 볼 수도 있다.

분석가는 분명 그 지점에 관심을 가져야 하기 때문이다. 분명 무의식은 암호화된 형태로 나타나고 분석가는 그것을 해석해야 하는 타자로 위치하게 된다. 하지만 이것이 전부는 아니다. 더욱 중요한 것이 있다. 무의식은 발화하는 주체와 그 안에서 무의식의 등장을 읽어 낼 수 있는 분석가와의 관계에서만 활성화된다. 그러므로 주체와 분석가 사이에서 드러나는 관계의 양상이 바로 무의식이라고 할 수 있다.

정신분석에서는 이러한 관계를 전이라고 부른다. 전이란 무엇일까? 전이란 '성적 관계'다. 프로이트는 전이와 성욕을 연결 지어 설명했으며, 라캉은 전이를 '성적 현실의 현행화'라고 설명했다. 분석에서 주체는 모든 종류의 정체성을 벗어던진 채 그 자신으로서 말한다. 육체를 가진 존재로서 말이다. 주체는 성적 존재로서 자신을 드러낸다. 마찬가지로 정신분석가는 주체의 성적 대상으로서의 역할을 한다. 그러나 분석가는 어떤 종류의 접촉도 요구하지 않는다. 분석가와 주체는 그저 말하고 들을 뿐이다. 분석에서 성적 관계는 말이라는 장에서 형성된다. 분석가가 환자에게 자유 연상을 요구하는 이유도 여기에 있다. 환자가 정말로 원하는 것이 무엇인지 알아내기 위해서 분석가는 환자에게 연상을 요구한다. 이러한 관계 속에서 전이가 활성화된다.

전이를 형성하기 어렵게 만드는 것은 바로 초자아다. 주체에게 내면화된 초자아는 분석가가 주체에 대해서 실제로는 아무런 비난도 하지 않았다고 하더라도 분석가가 주체를 비난하고 있다고 믿게 만든다. 주체의 입장에서 초자아는 자유 연상의 내용과 행위에 대해 비난하며 그것들을 말하지 못 하도록 만든다. 주체는 분석가를 불신하게 된다. 이것은 정신분석에서 중대한 저항이다. 이렇게 되면 주체와 분석가 사이에 전이적 관계가 형성될 수 없기 때문이다. 따라서 분석가는 주체에게 적절히 개입하여 자신이 주체의 초자아가 아님을 보여 주어야 한다. 전이적 관계의 핵심은 분석가가 초자아와 동일시되지 않는 것에 있다.

이것이 주체의 편에서 나타나는 저항이라면 분석가에게 나타나는 저항도 있다. 분석가에게 나타나는 가장 대표적인 저항은 바로 분석가가 정신분석과 자유 연상에 대해 의심하고 가치를 절하하는 것이다. 물론 정신분석가가 의식적으로 분석의 가치를 절하하는 일은 잘 일어나지 않는다. 분석가의 저항은 무의식적인 방식으로 나타난다. 분석에 대한 관심이 진지한 이는 자신은 분석을 원하지만 '다른 사람들은 정신분석을 별로 원하지 않을 것이다.'라고 생각하게 된다.

정신분석가가 모든 타인의 욕망에 대해 알 수는 없다. 분석가는 다른 사람에 대해 상상할 뿐이다. 프로이트가 말하는 것처럼 안 좋은 일이 생길지도 모른다는 생각에는 그러한 일이 벌어졌으면 하는 소망이 담겨 있을 수 있다. 마찬가지로 이러한 상상에는 분석가의 욕망이 반영된다. 이것은 분석가가 어떤 이유에서인지 타인의 무의식과 대면하는 일을 거부하고 있는 것이라고 해석할 수 있다. 분석을 지속하기 위해서 분석가는 분석을 거부하는 그 소망을 폐기[53] 시켜야 한다. 따라서 분석가가 정신분석의 방식에 대해 회의적인 태도를 보일 때 우회적인 접근 방식을 취하는 것은 결코 올바른 방식이 될 수 없다. 그것은 분석가 자신의 저항을 강화하는 것에 불과하다. 분석가는 정신분석의 원칙을 밀고 나가야 한다.

환자가 정신분석에 저항하는 것은 어찌 보면 당연한 일이다. 정신분석을 실천할 때 분석가가 극복해야 하는 것은 환자의 저항이 아니다. 분석가가 극복해야 하는 것은 분석가 자신의 저항이다. 정신분석가는 정신분석에 대해 물러서지 않는 욕망을 가져야 한다.

---

[53] 이 소망은 무의식적 주체의 소망이 아니라, 자아의 소망과 연결되어 있다. 정신분석에는 자아를 폐기하는 과정이 포함되어 있는데, 이에 대해서는 추후에 논하도록 하겠다.

'다른 사람들은 정신분석을 원하지 않을 것이다.'라는 생각은 현실일 수도 있고 분석가 자신의 환상일 수도 있다. 우리는 그 생각이 현실인지 환상인지 구분할 수 없다. 하지만 한 가지 확실한 것은 있다. 만약 다른 사람들은 분석을 원하지 않을 것이라는 생각에 포기한다면, 정신분석을 실천하는 것은 불가능하다. 따라서 저항과 마주한 분석가가 취해야 하는 태도는 정신분석의 방법을 포기하고 다른 것을 택하는 것이 아니다. '어떻게 하면 다른 사람이 정신분석을 원하게 만들 것인가?', '어떻게 하면 정신분석을 희석시키지 않은 채로 그것의 원리와 효용성을 타인들에게 설득력 있게 전달할 수 있을 것인가?' 정신분석가가 고민해야 하는 것은 바로 이러한 문제다. 즉 정신분석가는 분석이 진행될 수 있도록 환자와 대중을 설득해야 한다.

1979년 파리 프로이트 학교(École freudienne de Paris)의 9번째 회의에서 라캉은 "각각의 분석가는 정신분석이 지속되는 방법을 재발명해야 한다(chaque analyste réinvente la façon dont la psychanalyse peut durer)."라고 말했다. 정신분석이 지속 불가능해 보이는 상황에서 그것을 포기하는 것이 아니라 그것을 이어 나갈 수 있는 방법을 찾아내야 한다는 뜻이다. 나는 라캉의 이러한 입장에 동의한다. 하기 어려워 보인다고 해서 포기한다면 할 수 있는 것은 아무것도 없기 때문이다.

따라서 나는 다른 사람들이 분석을 원하지 않을 수도 있다는 생각을 넘어서야만 했다. 나는 캐비닛을 홍보하고 환자를 면담하는 방식과, 정통적인 정신분석의 방식을 한국 사회에 적용하는 데에서 발생하는 문제를 해결하기 위해서 노력했다. 나는 이 과정을 모두 홀로 해내야 했다. 정신분석가로서의 삶을 지속하는 방법을 하나부터 열까지 처음부터 모두 만들어 내야만 했다. 정신분석가에게 필요한 것은 이론적 지식과 임상 테크닉만이 아니다. 정신분석가에게 필요한 것은 자신의 상상에 의해 구성된 현실의 허구성을 직시하는 능력이다.

나는 정신분석가로서 살아가기 위한 방법을 찾아내야만 했다. 내가 나만의 방식을 만들어 내는 과정에서 알게 된 사실은 프로이트가 남겨 놓은 정신분석의 지식이 정신분석의 노하우 그 자체라는 것이다. 프로이트의 글은 그가 분석가로서 살아가면서 당면한 어려움들을 해결하기 위해서 그것들의 원인을 분석한 내용을 담고 있다.

프로이트의 글은 단순한 이론의 집합이 아니라 매우 실천적 노하우의 집대성이라는 뜻이다. 내 경험에 의하면 임상에서 당면하는 많은 문제는 프로이트를 충실히 실천하면서 해결할 수 있다. 괜히 '나만의 방식'을 고집하는 것은 시간 낭비일 수 있다. 후배 정신분석가는 선배인 프로이트가 문제를 해결해 나간 방식을 참조하면서 더욱 빠르게 자리를 잡을 수 있다.

내가 정신분석가로 살아가면서 가장 어려웠던 점 중 하나는 모르는 것이 생겼을 때 마땅히 물어 볼만 한 사람이 없었다는 점이었다. 나는 어려운 일이 생길 때마다 나 자신을 분석하고 프로이트와 라캉을 읽으면서 그것을 돌파해 나갔다. 분명 나는 분석을 통해서 무의식이 존재한다는 사실을 확인했고 정신분석의 효과를 경험했다.

하지만 내 경험에 의하면 이것만으로는 정신분석가가 되는 것은 불충분하다. 정신분석가가 되기 위해서는 이 두 가지 요소가 필수적인 것은 맞지만 여기에 더하여 '추가적인 교육'이 필요하다. 프로이트는 정신분석가의 교육에 대해서 다음과 같이 말한 바 있다.

이것(인용자 주: 분석가 지망생의 개인 분석)의 주된 목적은 교사가 그 후보자가 더 깊이 있는 교육에 적합한지를 결정하는 데 있다. 수습생이 무의식의 존재에 대해 확신하게 되고 억압된 것이 떠오르는 것에서 보통 때는 믿지 않았던 것을 자기 관찰하게 되고 분석 작업에서 유일하게 쓸모 있음이 입증된 기법을 처음으로 맛보게 되었다면 이것의 역할은 끝난 것이다. 이것만으로는 지도가 충분히 이루어졌다고 할 수 없다. 하지만 우리는 자기 분석에서 얻은 자극이 그것이 끝남과 함께 사라지지 않을 것이며 자아 수정 과정이 피분석자에게서 자발적으로 계속될 것이며 이 자아 수정 과정이 이후의 모든 경험을 새로 얻은 의미 속에서 이용하리라는 것에 기대를 걸 수 있다. 이런 일은 실제로도 일어나며 이런 일이 일어나는

한 피분석자는 분석가로서의 능력을 갖추게 된다.[54]

여기서 프로이트는 분석가 지망생에게 개인 분석이 얼마나 중요한지 이야기하고 있다. 프로이트에 따르면 분석가로서의 능력은 '자기 분석'과 관련이 있다. 분석가 지망생이 자기 자신을 끝없이 분석하려는 태도를 갖출 때 그는 분석가라고 할 수 있다. 그리고 이러한 태도는 그 스스로 분석을 받는 경험을 통해서 획득된다. 그 자신의 경험을 통해서 분석이 효과 있다는 사실이 입증되었기에, 주체는 분석의 방법을 스스로에게 적용하게 되는 것이다. 프로이트는 해당 주체가 획득한 이론적 지식이나 임상 테크닉이라는 관점 혹은 그가 획득한 '정상성'이라는 관점에서 분석가를 정의하지 않았다. 프로이트에는 분석에 대해서 분석 주체가 취하는 태도가 분석가를 결정하는 척도였다.

그런데 여기서 프로이트는 자기 분석이 중요하다는 사실을 지적하지만, 그것만으로는 '불충분하다.'라고 말한다. 나의 경험으로도 그렇다. 개인 분석을 통해 주체는 분석가로서의 능력을 갖추게 되지만 이와 더불어 주체는 분석가로서 살아가는 법 또한 배워야 한다. 분석가로 사는 삶에는 무엇이 있을까? 가장 대표적으로는 환자를 만나면서 발생하는 크고 작은 어려움들이 있을 것이다. 분석

---

54) 지그문트 프로이트, 이덕하 옮김, 「끝낼 수 있는 분석과 끝낼 수 없는 분석」, 『끝낼 수 있는 분석과 끝낼 수 없는 분석』, 도서출판 b, 2004, pp.371~372

가와 환자 사이에서는 갈등들이 일어나기 마련이고 분석가는 그러한 갈등의 원인을 알아내야 한다. 이것은 정신분석 연구 그 자체다. 정신분석 연구는 단순히 문헌을 연구하는 것에 그치지 않는다. 엄밀한 문헌 연구는 정신분석에서 매우 중요하지만, 분석가는 실제 임상 현장에서 일어나는 일을 분석적으로 이론화할 수 있어야 한다.

이제 막 정신분석을 연구하기 시작한 이들이 이러한 과정을 손쉽게 해낼 수는 없다. 프로이트가 했던 것처럼 위와 같은 작업을 혼자서 하는 것도 불가능하지는 않지만, 경험이 있는 다른 누군가와 함께한다면 더욱 일이 쉬울 것이다. 분석가의 추가적인 교육은 분석이 끝나면서 새롭게 시작되어야 한다. 분석을 마친 주체는 정신분석가들의 공동체에 가입하여 무엇인가를 계속해서 배워 나가는 것이 좋다.

그렇다면 왜 분석가 지망생은 분석가가 되기 이전에 개인 분석을 받아야만 하는 것일까? 개인 분석은 어떤 주체를 분석가로서 활동하는 데 가장 적합한 상태로 만들어 낸다. 분석가로서 활동하는 데 적합한 상태란 심리 내적인 금기가 없는 상태를 가리킨다. 분석가는 자신의 정신에 떠오르는 것을 어떤 편견 없이 모두 관측할 수 있어야 한다. 그런데 이러한 상태는 이상적인 상태일 뿐으로, 실제로 도달하는 것은 불가능하다. 아무리 분석을 오래 한다고 해도 관측할 수 없는 영역은 항상 존재한다. 따라서 분석가는 분석되지 않은 것과 마주했을 때 그것을 끝없이 분석할 수 있어야 한다. 프로이트가 말한 것처럼 정신분석가는 무의식을 모두 분석해 내는 것으로 되는 것이 아니라 완전함이 없다는 사실을 받아들이고 영구적으로 자신을 분석하려는 태도를 갖출 때 만들어진다.

정신분석 작업은 주체를 억압하는 내적인 금기를 제거하는 동시에, 내적 긴장으로 인해 행동화(acting out)가 일어나는 것을 막는다. 이러한 능력이 갖춰진 분석가들로 구성된 단체는 당연히 거리낌 없이 자유롭게 의사소통이 가능할 것이다. 분석가들의 공동체는 서로 환자의 연상을 듣는 듯한 태도를 보일 수 있으며, 만약 상대의 말에 심각하게 기분이 상하는 경우 그것을 빌미로 상대방을 공격하기보다 분석적으로 다룰 수 있는 이들로 이루어져 있어야 한다. 무엇보다도 정신분석이라는 학문이 발전하기 위해서는 권위로부터 자유로운 의사소통이 가능해야 하는데 이러한 태도는 분석을 통해서 획득될 수 있다.

어떤 주체가 정신분석가 단체에 가입하기 위해서는 이러한 태도가 갖추어져야 한다. 프로이트는 위의 인용문을 통해서 이러한 사실에 대해서 명시한 것이다. 지금까지 말한 태도는 분석가로서 최소한의 소양이며, 이러한 소양을 갖춘 분석가는 분석가 단체에 소속되어 추가적인 교육을 이어 나가야 한다. 이는 정신분석이 이론적 지식을 배우거나 임상적 테크닉을 습득한다고 실천할 수 있는 것이 아니라는 것을 의미한다. 즉 실제로 현실에서 정신분석을 실천하기 위한 이유가 아니라면 분석가가 되기 위해서 개인 분석을 받아야 할 필요는 없다. 결국 정신분석가의 공동체는 정신분석의 원칙하에서, 정신분석이라는 대의를 위해서 운영되어야만 한다는 뜻이다.

그러므로 개인 분석을 통해서 무의식에 대한 확신을 가지게 되고 분석의 효용성을 경험한다고 해서 해당 주체가 분석가로서의 역능을 전부 갖출 수 있는 것이 아니다. 분석가는 계속해서 정신분석이 지속되는 방법을 찾아내야 한다. 그런데 이 과정을 완전히 혼자서 하는 일은 비효율적이다. 특히 분석가로서 살아가는 데에서 발생하는 어려움이 분석가의 욕망을 사그라들게 만들 수도 있다. 따라서 분석가에게는 추가적인 가르침이 필요하다. 자신보다 먼저 분석가로서 살아가고 있는 누군가로부터 가르침을 받는 과정이 있다면, 후배는 자신이 처한 현재의 어려움을 더 쉽게 극복할 수 있을 것이다.

정신분석가로서 살아가기 위해서는 공동체가 필요하다. 내가 보기에 지금까지 한국에는 정신분석적 원칙에 의해 운영되는 공동체가 없었다. 따라서 나는 누군가가 그것을 만들어 주기를 기다렸지만, 더는 기다릴 수 없다고 느끼게 되었다. 스스로 정신분석가 단체를 만들어야 할 필요가 있다고 느꼈다. 내가 추구하는 정신분석가 단체는 전문가들의 권익을 보호하는 협회가 아니다. 정신분석을 연구하고 그것에 대한 욕망을 공유하는 것과 더불어, 분석가로서 살아가는 데에 필요한 것을 배우는 곳이다. 무엇인가를 배우는 곳, 우리는 그곳을 학교(École)라고 부른다. 그리하여 나는 정신분석 학교를 설립하기로 결정했다.

Part 11

마지막 한 조각

　　나는 나의 분석을 끝낸 이후로 내 분석가의 그림자를 벗어나기 위해서 다방면으로 노력해 왔다. 때때로 어려움에 부딪히기도 했지만, 나는 그 순간마다 나를 분석했다. 분석을 통해 나는 나를 보호해 주고 이끌어주며, 가르쳐 주는 타자에 대한 의존심을 버리면서 스스로 분석을 지속할 수 있는 방법을 찾아낼 수 있었다. 그러자 나의 분석뿐만 아니라 환자와의 분석도 서서히 궤도에 오르기 시작했다. 특히 과거에는 결코 받을 수 없다고 느꼈던 환자들과의 작업이 가능해지면서, 나는 정신분석의 핵심이 무엇인지 알 수 있었다. 나는 나의 삶에 만족감을 느꼈다.

　　나는 점차 심리적으로 안정되었다. 서서히 나는 나의 분석에 대한 필요를 덜 느끼기 시작했다. 나는 때때로 이러한 상황에 두려움을 느꼈다. 자기 분석이 필요 없어지는 느낌을 받을 때면 나 스스로 분석가로서의 자격이 없다고 생각했다. 이럴 때마다 나는 왜 자기 분석을 그만하고 싶어 하는지 분석했다. 나는 어려움에 부딪힐 때마다 분석적 방법을 활용해서 그것을 극복했다.

뒤늦게 알게 된 사실이지만, 나는 정신분석을 굉장히 사랑했다. 나는 정신분석에 매우 진지했을 뿐만 아니라, 나의 분석가와 정신분석을 진정으로 사랑했다. 사랑에 빠져 본 사람은 알 것이다. 사랑에 빠진 사람은 매우 독특하게 행동한다. 그는 자신이 사랑하는 사람의 일거수일투족에 관심을 두게 되고, 그가 보여 주는 모든 것을 이해하고 받아들이고 싶어 한다. 사랑에 빠진 사람의 모든 관심은 그가 사랑하는 대상에게 집중된다. 이러한 태도는 내가 분석가와 맺는 관계에서 그대로 나타났다. 분석을 받는 동안 나는 하루 종일 정신분석에 대한 생각으로 가득 차 있었다.

내가 이러한 태도를 보였기 때문에 내 분석가의 분석 방법은 나에게 도움이 될 수 있었다. 분석가는 나에게 직접적으로 해석을 하지 않았을 뿐 간접적이고 암시적인 방식으로는 해석했다. 그는 카우치 뒤편에 앉아 나의 말을 듣다가 특정한 부분에서 "네."라고 대답하며 구두점을 찍었고, 중요한 부분에서 분석을 중단시키는 절분법을 사용했다. 절분법을 사용하니 분석의 시간은 고정되어 있지 않았다. 분석은 때때로 5분 만에 끝나기도 했다. 이 분석 방법이 편하다고 하면 거짓말이겠지만, 나는 라캉주의 분석가들이 거의 아무

말도 하지 않는다는 사실과 절분법을 사용한다는 사실을 이미 알고 있었기 때문에 별다른 불만을 가지지는 않았다. 나는 그런 분석을 원했다.

 이러한 분석을 받게 되니 나는 분석을 받으러 오는 길과 집으로 돌아가는 길에서 분석에 대해 생각할 수밖에 없었다. 특히 분석을 받고 귀가할 때면 생각이 많아졌다. 분석가가 왜 하필이면 그 지점에서 대답했는지 궁금했고, 그 시점에서 분석을 중단시켰는지 알고 싶었다. 그러나 분석가에게 물어보아도 그는 대답해 주지 않을 것 같았다. 실제로 내가 몇 번인가 물어보려고 했지만, 분석가는 직접적인 대답을 피하며 대답해 주기 싫다는 태도를 보였다. 대답을 해 주지 않으니 나는 스스로 생각해야만 했다.

 재미있는 사실은 이렇게 스스로 해석을 고안해 내는 과정 중에 '번뜩이는 순간'들이 있었다는 점이다. 나는 이른바 에스프리 드 레스칼리에(esprit de l'escalier)라고 불리는 현상을 자주 경험했다. 나는 이를 계단참 효과라고 번역하고 싶은데, 이 말은 어떤 사람의 응접실에서 대화를 나누고 돌아가던 중 계단을 내려오며 '아, 이렇게 말했으면 좋았을걸.'이라고 후회하게 되는 일을 뜻한다. 이미 지난 일과 관련하여 굉장히 중요한 생각들이 그 일이 끝난 직후에 머릿속에 떠오르는 현상을 의미하는 것이다.

 분석에서도 이와 같은 일이 일어났다. 분석가가 왜 그때 개입했는지에 대한 해석의 의미들이 분석가의 캐비닛을 떠나는 순간 머릿속에 떠올랐다. 때로는 분석실의 문을 닫고 나오면서 이것들을 말해야 했었다는 후회와 함께 그제야 중요한 생각이 떠오르기도 했다. 어떤 때는 지하철을 타고 돌아오는 길에 생각이 나기도 했다. 때때로 오랫동안 생각나지 않는 경우도 있었다.

 나는 많은 경우 분석가의 해석을 어떻게 해석해야 할지 그것에 사로잡혀 있었다. 밥을 먹거나 티비를 보면서도 그에 대한 생각을 떨칠 수 없었다. 한 가지 확실했던 것은 그렇게 생각을 하다 보면 언젠가는 답이 나온다는 사실이었다. 언젠가 한 번은 쉽사리 답이 나오지 않아 골머리를 앓았던 경험이 있다. 나는 자포자기하는 심정으로 샤워하기 위해서 욕실로 들어갔다. 나는 몸에 물을 적시기 위해 샤워기를 틀었는데, 그 순간 그간 막혀 있던 답이 떠올랐던 기억이 있다.

 나는 이런 상황에서 즐거움을 느꼈다. 따라서 나는 분석가가 나에게 직접적으로 해석을 해 주지 않아도 크게 불만이 없었다. 때로 답답하기도 하고 왜 말을 해 주지 않느냐고 심통을 부리기도 했지만, 그가 나와 함께 해 준다는 사실에 큰 의미를 두었기 때문이다. 뿐만 아니라 누군가로부터 가르침을 받는 것보다 나는 스스로 알아내는 것이 더 중요하다고 생각했다. 따라서 그에게 적극적으로 해석을 요구하지 않았다.

 나의 행위에는 분명 분석가를 향한 경쟁심이 존재했다. 나는 분석가처럼 하고 싶었다. 내가 분석가에게 해석을 요구하지 않은 것은, 나도 그처럼 하고 싶다는 경쟁의 의미를 담고 있다. 나는 이러한 경쟁심이 매우 중요한 것이라고 생각한다. 우리는 종종 이러한 경쟁심을 사악한 것으로 치부하고는 하지만, 경쟁심이 적절한 방향으로 이용될 때 그것은 우리의 발전에 매우 중요한 역할을 한다. 실제로 나에게도 경쟁심은 굉장히 중요한 것이었다. 내가 경쟁심을 사악한 것으로 간주할 때, 나는 점차 병들었다. 나는 타인에 대해서 경쟁의식을 가지고 있었으면서도 그것이 없는 체해야 했고, 그것을 타인이 알게 될까 봐 두려워했다. 반대로 나에게 존재하는 경쟁심을 인정하고 이용하면서 나는 점차 나아지기 시작했다. 내가 증상을 해석해 내자 실제로 고통은 가벼워졌다. 그러면서 나는 점차 그에게 다가가고 있다고 느꼈다.

또한 내가 분석가에게 해석을 요구하지 않은 것은, 그에게 충실히 하려고 노력했기 때문이다. 나는 분석가가 암시적으로 나에게 어떤 가르침을 주고 있다고 믿었다. 나는 분석가의 가르침에 최대한 충실하기 위해 노력했다. 사실 가르침을 받을 때 우리는 타자의 말을 들어야 한다. 이 상황에서 우리는 스스로 노예가 된다고 느끼며 불쾌감을 겪을 수 있다. 만약 이 불쾌감으로 인해 가르치는 자에게 저항하기 시작하면 분석은 진행되기 어렵다.

반대로 나는 분석을 시작함과 동시에 그러한 불편함을 수용하기로 결심했다. 말하자면 스스로 노예의 포지션을 취하기로 받아들인 것이다. 분석가를 테스트하거나 분석을 지연시키려는 전략은 취하지 않았다. 물론 나는 배우는 입장으로서의 태도를 보이려 했지만, 나도 모르는 사이에 저항했던 적이 있었다. 그럴 때 분석가는 나의 행동을 지적했다. 나는 그가 나에게 수정할 것이 있다면, 내가 느끼게 될 감정적인 불편함을 배제하고서 곧바로 그것들을 이야기해 주기를 원했다. 나는 그가 나의 문제점을 지적할 때 즐거움을 느꼈다. 왜냐하면 그것을 곧바로 말하지 않고서 상황을 살피는 것은 시간 낭비라고 생각했기 때문이다.

한 번은 내가 분석 중에 '이론적'으로 연상을 진행하자, 분석가는 나에게 분석은 지식을 실현하는 곳이 아니라고 말하며 분석을 중단시켰다. 나는 그 말이 무슨 뜻인지 이해했지만 동시에 화가 나기도 했다. 왜냐하면 나는 지난 몇 세션 동안, 아마 내가 기억하기로 3~4세션 동안 같은 태도로 말했기 때문이다. 나는 분석실을 나오면서 다음과 같이 투덜거렸다. "왜 이제야 말해 주는 거야? 좀 더 빨리 말해 줬다면 시간을 아낄 수 있었을 텐데." 내가 불쾌감을 느꼈던 지점은 그가 나의 잘못을 지적했다는 사실이 아니라 그가 뒤늦게 나에게 그것을 말했다는 사실이었다.

나는 가능하면 그를 잘 따르고 싶었다. 쓸데없는 주장을 해서 시간을 지연시키고 싶지 않았다. 그것은 나의 손해다. 내가 모든 일을 잘했다면 분석을 받으러 갈 이유도 없었을 것이다. 나는 나의 분석가가 나보다 더 알고 있다는 사실을 인정했고 그를 신뢰했다. 그리하여 나는 분석가가 가능한 한 나의 잘못을 지적해 주기를 원했다.

나는 분석가와 좋은 관계를 맺고 싶다는 욕구를 크게 느끼지 않았다. 분석가가 나의 잘못을 지적할 때면, 그것을 나를 미워해서 그렇게 하는 것이라고 생각하지 않았다. 오히려 그가 나를 지적할 때면 나에게 진지한 관심이 있다고 생각했다. 나에게 '잘못을 지적하는 것'은 일종의 애정의 표현처럼 느껴졌다.

반대로 내가 불쾌하게 생각했던 경우는 분석가가 나에게 그 어떤 지적도 하지 않을 때였다. 분석이 어느 정도 진행되자 분석가가 나에게 저항을 지적하는 일도 거의 없어졌다. '왜 아무 말도 하지 않는 거지?' 나는 불안해지기 시작했다. 어느 날 나는 그 불안에 대해서 분석가에게 말했다. "선생님, 왜 저에게 아무런 말도 하지 않으시죠?" 내 기억이 정확한지는 모르겠지만 분석가는 나에게 되물었던 것 같다. "무슨 대답을 듣기를 원하시죠?" 나는 내가 잘못하고 있다는 말을 듣고 싶었던 것 같았다고 생각했다. 내가 잘못되어야만 그가 나의 선생일 수 있으니까 말이다. 이것을 해석하고 나서 나는 사람에게 '틀리고 싶은 욕망'이 있을 수 있다는 사실을 깨달았다.

때때로 어떤 주체들은 이러한 경우 일부러 잘못을 저지르기도 한다. 타자가 나를 혼내 주기를 바라는 욕망이 있기 때문이다. 이것은 무의식적 죄책감으로부터 나타난 처벌의 욕구(besoin de punition)라고 할 수 있다. 만약 내가 이를 제대로 분석하지 못했다면, 나 역시 분석가의 관심을 끌기 위해서 의도적으로 잘못을 저질렀을 수도 있다. 그러나 틀리고 싶은 욕망의 존재에 대해서 깨닫자 상황이 바뀌기 시작했다. 나는 서서히 분석가가 불만스러워졌다. 그의 해석이 예측되기 시작했다. 그는 점차 나보다 더 많은 것을 아는 사람이 아니게 되었다. 나는 더 이상 분석을 받아야 할 필요를 느끼지 못하게 되었다.

나의 이 경험은 전이를 유발하는 원인이 무의식적 죄책감과 처벌의 욕구라는 사실을 알려 준다. 전이를 해소하기 위해 넘어서야 하는 것은 바로 처벌의 욕구다. 타자가 결코 극복할 수 없는 두려운 인물처럼 보이는 이유는 처벌의 욕구가 존재하기 때문이다. 반대로 그것이 극복되면 타자는 그래도 극복 가능한 타자가 된다. 이것이 내가 그에게 분석을 그만두겠다고 말할 수 있었던 이유이기도 하다.

이에 대해 조금만 더 자세하게 설명해 보겠다. 처벌의 욕구는 금지된 소망과 관련이 있다. 우리가 금지된 소망을 바라는 것 자체만으로도 죄책감을 느끼게 된다. 초자아는 이드에 대해 잘 알고 있기 때문이다. 이는 어머니를 향한 근친상간적 소망을 가진 아이가 아버지로부터 처벌받을까 봐 두려워하는 것과 유사하다. 처벌의 욕구는 금지된 소망에 의해 자극된 죄책감을 해소하는 것을 목적으로 한다. 위반에 대한 소망이 강렬해질수록 죄책감은 심해지고 그만큼 아버지로 대표되는 타자 역시 두려운 존재가 된다. 유아가 아버지를 대하는 태도는 이후 주체가 권위자를 대하는 태도와 연결된다. 권위자에 대한 두려움이 강하다는 것은 그 주체에게 위반에 대한 강렬한 소망이 존재한다는 것을 의미한다. 정신분석을 통해 권위자에 대한 두려움이 사라진다는 말은 분석 작업이 위반에 대한 소망을 애도하는 작업임을 의미한다.

 그러나 분석이 끝난 후에도 매우 오랫동안 그가 '모른다'고 생각하기는 힘들었다. 정확히 말하자면 그가 모르는 것 같다는 생각이 들었지만, 다른 한편으로는 그가 알고 있을 수도 있겠다는 생각이 들었다. 왜 그랬을까? 그 이유는 바로 남아 있는 것이 있었기 때문이다. 분석을 끝낸 후에도 그에 대한 사랑의 잔여물이 남아 있었던 것이다. 이것은 내가 그와의 분석을 진정으로 끝낼 수 없도록 만들었다. 그를 향한 긍정적인 생각은 분석이 끝나고도 한참 동안 남아 있었다.

 프로이트에 따르면 인간의 자아는 상실된 대상과 동일시하면서 구성된다. 앞서 5장에서 언급했듯 나는 분석에서 그를 흉내 내기 시작했다. 나는 그의 분석 방식을 모방했다. 나의 분석적 행위의 근거를 나의 분석가에게서 찾은 것이다. 그러나 이러한 모방은 오래 가지 못했다. 모방을 통해서는 환자를 분석할 수 없다는 사실을 알게 되었기 때문이다. 나는 그를 따라 하느라 태도가 너무 위축되어 있었다. 나는 분석에서 지나치게 부자연스럽고 경직된 방식으로 행동할 수밖에 없었다. 오히려 내가 그를 흉내 낼 때보다 나 자신으로 존재하는 것이 더 분석이 잘 진행되었다. 나는 '분석가와의 동일시'는 분석의 목표가 될 수 없다는 라캉의 말에 동의하게 되었다. 분석의 끝에서 분석가가 획득해야 하는 것은 자신만의 스타일이다.

나는 라캉이 죽기 몇 달 전에 분석을 끝냈다. 그때 그는 아주 쇠약한 모습이었다. 그래서 이 노인에게 존경심을 보이고 싶었다. 그의 죽음은 나를 몹시 슬프게 했고, 정말 눈물이 나왔다. 몇 년 후 나는 새로운 분석을 시작했다. 그때야 비로소 나는 분석의 목표에 대한 문제를 제기할 수 있었다. 이때 나는 진심으로 분석에 귀를 기울였고, 어떤 모방도 피하면서 내 나름의 분석 방식을 개발했다. 가령 나는 짧은 상담 방식을 관뒀다.[55]

위 사례는 엘리자베스 루디네스코의 라캉 전기에 실려 있는 우다 오몽이라는 분석가의 사례다. 정확히 이와 같은 일이 나에게도 일어났다. 그와의 분석이 끝난 후 환자를 직접 받으면서 내가 해야 했던 일은 바로 나에게 남아 있던 그의 흔적들을 지우는 것이었다. 분석하면서 무엇인가? 부자연스러움을 느낄 때 나는 그것에 주목하고 분석함으로써 그에 대해서 해석할 수 있었다. 간단하게 이야기했지만, 이 과정은 그렇게 쉽지만은 않았다. 내가 잘못을 깨달을 때는 보통 환자가 드랍되는 순간들이었기 때문이다. 나는 나만의 분석 기법을 만들기 위해 수많은 실패를 반복해야만 했다. 이 과정은 곧

---

55) 1992년 9월 31일에 가진 우다 오몽과의 인터뷰 (엘리자베스 루디네스코, 양녕자 옮김, 『자크 라캉: 2 삶과 사유의 기록』, 새물결, 2000, pp.244~245에서 재인용)

나의 분석가를 향했던 애정을 떼어 내는 것과 같았다.

  나의 분석가를 모방하는 습관을 거의 버려 가던 찰나에 나에게 어떠한 일이 벌어졌다. 그 일이 벌어지기 전까지 나는 첫 면담에서 비용을 받지 않았다. 나의 분석가 역시 나에게 비용을 받지 않았기 때문이다. 나는 나의 분석가처럼 행동했다. 그런데 어느 날 첫 면담을 마친 환자가 비용을 내고 간 것이다. 프롤로그에서 언급했듯이, 이때 나는 굉장한 충격을 겪었다. 이것은 갈등을 유발했고 나는 그것을 분석해야만 했다. 이것을 분석할 때 나는 강력한 저항에 부딪혔다. 분석을 통해 알게 된 것은 내가 첫 면담 때 비용을 받지 않았던 그 행위가 바로 나에게 남아 있는 그의 마지막 흔적이었다는 점이다.

  내가 나의 분석가에게 분석가가 되고 싶다는 나의 욕망을 말했을 때였다. 그때 나는 그의 강의를 수강 중이었는데, 그는 강의가 끝나고 잠시 이야기를 하자고 나에게 말했다. 나는 매우 긴장했다. 그는 나를 강의실 근처에 있는 카페로 데려갔다. 그는 나에게 마시고 싶은 것을 고르라고 했다. 나는 그 상황이 불편했다. 나는 '내가 내겠다.'라고 했지만 그는 거절했다. 그는 나에게 "그 정도는 살 수 있어요."라고 말했다. 여기서 나는 그를 거역할 수 없었다. 물론 나 역시 내가 마실 커피 값 정도는 스스로 낼 수 있었다. 내 지갑에 5천 원 정도는 있었기 때문이다. 그러나 나는 그가 원하는 대로 하는 것이 도리라고 생각했다. 그는 나에게 커피를 사 주고는 정신분석을 위한 첫 번째 면담을 진행했다.

첫 번째 면담에서 그는 나에게 비용을 받기는커녕 마실 것을 사 주었다. 첫 면담에서 비용을 낸 사람은 내가 아니라 그였다. 이 기억이 거의 10여 년이 흐른 뒤에야 떠올랐다. 이 기억의 의미는 무엇일까? 첫 번째로 내가 그에게서 떠올렸던 생각은 바로 '고마움'이었다. 그처럼 대단한 정신분석가가 나처럼 하잘것없는 사람에게 첫 면담의 비용을 받지도 않을뿐더러, 도리어 나에게 커피를 사 준다는 것이 너무나 고마웠다. 이 생각이 떠오르자, 연쇄적으로 두 번째 생각이 떠올랐다. 두 번째로 떠오른 것은 일종의 부채 의식이었다. 그에게서 받은 것을 언젠가는 갚아 주어야 한다는 생각이 들었다. 세 번째로 나는 일종의 모욕감을 느꼈다. '내가 그 정도로 돈이 없는 사람처럼 보였던 것일까?' 나는 그가 첫 면담 때 커피를 사 준 것에 대해서 '고맙기는 하지만' 불쾌해하고 있었다.

그러나 나는 그에게 그러한 불쾌함을 표시할 수 없었다. 마실 것을 사 준다는데 그것에 대해 불쾌하게 생각할 필요가 없다고 생각했기 때문이다. 따라서 나는 그가 사 준 커피를 감사하게 마시고 그가 묻는 말에 답했다. 그는 나에게 인간적인 온정을 베푼 것이다. 역설적이게도 그가 나를 인간적이고 온정적으로 대했던 그 태도가 그에 대한 불쾌감을 표시할 수 없도록 만들었다. 나와 그의 관계는 비용이 오고 가는, 거래를 위한 동등한 파트너가 아니라 마치 높은 사람이 부족한 아랫사람을 위해 시혜를 베푸는 듯한 관계가 되어

버린 것이다. 이것이 그와의 관계를 끊어 내지 못 하도록 만든 마지막 걸림돌이었다. '그가 나를 배려하며 커피를 사 주었다는 사실'은 그를 향한 애정을 일으켰고, 이 애정이 그와의 관계를 정리할 수 없도록 만들었다.

이 사실이 분석되자, 나는 드디어 나의 분석이 끝났다고 생각할 수 있었다. 좀 더 정확히 말해 내 분석가의 그림자에서 벗어났다고 느꼈다. 나는 분석을 끝내고 그의 흔적을 대부분 정리했지만, 아주 미약한 형태로 그와의 정신적 연결을 유지하고 있었던 것이다. 그를 향한 아주 작은 사랑의 한 조각이 남아 있었으며 이것이 나의 분석을 끝낼 수 없도록 만들었다. 나는 이 마지막 사랑을 잘라 내야 했다. 그 사람은 그 사람이고 나는 나다. 나는 그 사람처럼 분석하고 싶지 않았다. 그리하여 나는 첫 번째 면담 때 비용을 청구하기로 결정했고, 비로소 나의 분석이 진정으로 끝나게 되었다고 생각하게 되었다.

통과 La passe

에필로그
부친 살해 혹은 애도로서의 정신분석

　　　　　　나로 하여금 나의 분석가에 대한 애정을 끊어 내지 못하게 만든 것은 그와의 관계에서 경험한 최초의 좋은 추억이었다. 나는 그에 대해 경쟁심을 갖고 있었고 그를 넘어서길 원했지만, 그가 나에게 해 주었던 최초의 배려가 이러한 마음을 먹지 못하도록 만들었다. 나의 분석가가 권위자라고 한다면, 나에게는 그 권위를 넘어서고자 하는 욕망이 있었다. 권위자로부터 사랑받고자 하는 태도를 버리고 권위에 대한 두려움을 극복하여 언젠가는 그들을 뛰어넘게 되는 것, 그것이 내가 진정으로 바라는 바였다.

　이런 관점에서 본다면 내 분석의 마지막이 일종의 갈등으로 끝날 수밖에 없다는 것도 이해 불가능한 것은 아니다. 정신분석은 무의식을 의식화하는 작업이고 나의 무의식적 소망이 권위에 대한 두려움을 극복하는 것이라면 말이다. 분석가는 나에게 권위를 상징하는 인물이었고 나는 그를 두려워했다. 내가 권위자에 대한 두려움을 극복하기 위해서는 결국 권위자와의 관계에서 경험되는 두려움을 '실제로' 극복해야 했다. 내가 분석의 마지막에 취했던 태도는 일종의 권위에 대한 도전이었다.

그리고 그는 나의 태도에 대해 불쾌감을 느꼈던 것 같다. 이해하기 어려운 일도 아니다. 가르치는 학생이 자신에게 정면으로 도전하는 데 불쾌해하지 않을 선생이 얼마나 있을까? 어떤 선생은 도전적인 학생은 더 이상 가르칠 이유가 없다고 생각하며 쳐낼 수도 있을 것이다. 그러나 선생을 뛰어넘고자 하는 학생이야말로 좋은 학생이 아닐까? 분석가로서 일하면서 나는 나와 같은 '도전 의식'을 가진 이들이 더 많았으면 좋겠다고 생각한다. 나는 내 환자들이, 내가 분석하고 있는 분석 주체들이, 나에게 도전하기를 바란다. 선생을 뛰어넘는 것은 학생이 해야 할 일이다. 학생이 언제나 선생의 제자로 남아 있을 수는 없는 일이다. 선생의 가르침에 충실히 이어받고 나중에는 선생의 한계를 극복하는 것이 학생이 할 일이다.

선생을 뛰어넘고자 하는 학생은 선생의 가르침에 아주 충실할 것이다. 어떤 학생이 선생에게 충실하다면 그것은 선생을 살해하고 뛰어넘고자 하는 욕망이 있기 때문이다. 이것은 오이디푸스적 경쟁심에서 발로한 부친 살해의 욕망처럼 보인다. 이러한 부친 살해의 욕망은 금기시되어야 하는 것일까? 나는 그렇게 생각하지 않는다. 만약 이 욕망이 주체화되지 않는다면, 주체는 그러한 욕망을 가진 자신을 비난할 것이다. 뿐만 아니라 주체는 권위적 타자의 앞에서 매우 강력한 두려움을 느끼게 된다. 부친 살해의 욕망이 주체화되지 않을수록 주체는 권위자에 대해 강력한 콤플렉스를 겪게 된다. 따라서 그것은 억압되어선 안 된다. 부친 살해의 욕망은 주체화되어야 한다.

부친 살해의 욕망은 '잘' 이용되어야 한다. 잘 이용되는 부친 살해의 욕망은 무조건적인 반항을 의미하지 않는다. 무조건적인 반항은 무정부적인 혼란을 유발한다. 부친 살해의 욕망이 잘 이용되기 위해서는 아버지를 두려워하고 그 아버지로부터 사랑받으려는 욕망으로부터 시작되어야 한다. 이것은 아이가 내 눈앞에 있는 거대한 타자를 '아버지'로 인정하는 것을 의미한다. 이러한 아이는 아버지를 두려워하며 아버지의 말을 따르고 그로부터 사랑받기를 혹은 그의 이름을 이어받기를 바랄 것이다.

만약 어떤 아이가 아버지를 두려워하지 않는다면 그것의 의미는 무엇일까? 아이가 아버지를 두려워하는 이유는 아버지가 가지고 있는 것을 아이 역시 가지길 원하기 때문이다. 아이는 갖지 못한 것을 아버지는 가지고 있는 것이다. 아이는 결핍을 경험하고 아버지에게 질투심을 느낀다. 그리고 그로 인해 아이는 아버지를 두려워하게 될 것이다. 따라서 아이가 아버지를 두려워하지 않는다는 것은, 아이와 아버지 사이에 어떠한 차이도 존재하지 않는다는 사실, 적어도 아이의 눈에는 아버지가 무엇인가를 더 가진 사람처럼 보이지 않는다는 의미이다. 이는 아이가 아버지를 '아버지'로서 인정하지 않는다는 것을 의미한다. 아이는 아버지가 가진 무엇을 탐내지 않으며, 따라서 아이는 아버지로부터 그 어떤 것도 배울 수 없다. 이러한 구도 속에서 아이와 아버지는 '친구 같은' 사이가 된다.

아이가 자신과 아버지 사이에 존재하는 '차이'를 부정하면 아이와 아버지 사이에 수직적 관계는 만들어지지 않는다. 또한 아이는 자신이 아버지보다 부족하다는 사실을 인정하는 데서 수치심을 느낄 수도 있다. 자신의 부족함을 인정하고 아버지를 따른다는 말은 무의식적으로 아이가 아버지에게 여성적 태도를 보인다는 것을 의미한다. 만약 여성적 태도를 보이는 것에 대해서 수치심을 느낀다면 아이는 아버지를 강력하게 부정할 것이다. 가르침을 전수하는 아버지에 대하여 주체는 그가 자신을 굴종시키려 하는 억압적인 존재라고 비난하고, 그에 반하여 반항하면서 자신의 '남성성'을 지키려는 태도를 보이게 된다.

이를 정신분석 영역에서 일어났던 '양성'의 문제와 연관해 생각해 보자. 많은 정신분석가는 선생을 뛰어넘길 원했다. 그리하여 선생인 프로이트가 틀렸다고 말하며 자신들의 이론을 개진했다. 이들은 프로이트의 가르침을 충실히 이해하지 않은 채 자기 생각을 전개하기 시작했다. 정신분석 역사상 라캉을 제외하고 프로이트의 가르침을 충실히 이어받으려는 학생은 없었다. 이들은 얼마나 반항적인 아이들인가? 이 글을 읽는 독자들은 집안에서 아버지의 권위에 무조건적으로 반항하며 그와 '동일한 위치'에 올라서기 위해서 아버지를 조롱하는 아이를 가만히 둘 수 있는가?

 라캉은 정신분석학계의 이러한 분위기에 문제의식을 느끼고 있었다. 왜 라캉은 이러한 상황에 문제의식을 느끼고 있었을까? 프로이트가 정신분석의 창시자이기에 그의 권위를 존중하는 것이 마땅하기 때문일까? 그 이유도 분명히 있을 것이다. 그러나 여기에는 또 다른 이유도 있다. 여성적 태도를 보이는 데 수치심을 느끼는 분석가는 과연 여자를 어떻게 생각하고 있는 것일까? 그러한 분석가는 여자를 남자에 비해 부적절한 존재로, 어떤 죄를 지은 존재로 간주하고 있는 것과 다름없다. 아버지에 대해 여성적 태도를 보이지 못하는 분석가는 그 자신이 여성 혐오자임을 드러내는 것과 다르지 않다.

 여자를 혐오하는 분석가를 과연 제대로 된 정신분석가라고 할 수 있을까? 여성 혐오를 겪는 분석가는 거세 콤플렉스를 제대로 극복하지 못한 것이라고 할 수 있다. 라캉이 살아 있던 당시에 활동하던 대부분의 분석가는 제대로 분석되지 않았었다. 따라서 라캉은 정신분석을 '처음부터' 다시 시작해야 한다고 판단했을 수 있다. 이것이 라캉이 '프로이트로 돌아가자.'라는 구호를 내세우며 프로이트의 정통성을 강조했던 이유라는 생각이 든다.

 그렇게 프로이트에로의 회귀를 주장했던 라캉은 프로이트에게 충실했다. 라캉은 죽는 순간까지 프로이트주의자였다. 그런데 그렇게 프로이트에 충실했던 라캉은 후대 분석가들에 의해서 정신분석이 '오염'된 이유를 알게 된다. 그러한 오염의 중심에는 프로이트가 있었다. 여성성이라는 문제에 대해서 제대로 분석해 내지 못했던 분석가는 다름 아닌 프로이트 본인이었다. 『세미나 11』에서 라캉은 이와 같은 프로이트의 한계를 '정신분석의 원죄'라고 불렀다.[56] 프로이트의 한계와 마주한 라캉은 프로이트의 관점을 가진 채로 프로이트보다 더 멀리 나아가기 시작한다.

그러니까 라캉은 프로이트보다 더한 프로이트주의자였다. 라캉이 프로이트보다 멀리 나아갈 수 있었던 것은 그가 프로이트에게 충실했기 때문이다. 내 생각을 라캉에게 적용해 본다면, 라캉이 프로이트에게 충실했던 이유는 그를 진정으로 뛰어넘고 싶어 했기 때문이라고 할 수 있다. 라캉이 당대 분석가들에게 문제 삼았던 것은 바로 이 충실함의 부재였다. 2~3세대 정신분석가들은 프로이트의 가르침을 충실히 이어받지 않은 채 너무 성급하게 자기 생각을 주장했다.

다음을 생각해 보자. 선생의 가르침을 제대로 이해한 채 선생의 한계를 지적하는 것과, 선생의 가르침을 이어받지 않은 채 그 가르침의 한계를 지적하는 것의 차이에 대해서 말이다. 전자의 태도를 보이는 학생은 먼저 선생과 수직적인 위치를 거쳐야만 한다. 후자의

---

[56] 자크 라캉, 맹정현 옮김, 『세미나 11—정신분석의 네 가지 근본 개념』, 새물결, 2008, p.28, p.49

태도에서 학생은 자신을 선생과 동등한 위치에 놓는다. 학생이 선생을 자신과 동일한 위치에 놓을 때 가르침은 이루어지지 않는다. 학생이 선생의 말을 듣는 것은 선생이 더 알고 있는 자로서 권위를 지닌 높은 사람이기 때문이다. 이는 오늘날 실제로 교실에서 일어나는 각종 교권 침해와 권위의 실추에 대해서도 생각해 볼거리를 제공한다. 정신분석의 영역에서도 이와 다른 일이 벌어지지는 않는다. 대부분의 정신분석가도 마치 오늘날 선생에게 반항하는 학생들처럼 프로이트의 권위를 존중하지 않는 것이다.

권위를 존중하는 것, 그것은 권위를 사랑하는 것으로부터 나온다. 권위자를 인정하고 그로부터 사랑받기를 원하는 태도에서 진정한 수직적 관계가 만들어진다. 학생은 언젠가는 권위를 가지기 위해서, 즉 선생처럼 되기 위해서 선생을 두려워하고 선생의 말을 따른다. 여기서 수직적 관계가 만들어진다. 가르침은 수직적 관계에서 이루어진다. 정신분석은 권위를 사랑할 수 있어야 한다는 사실을 가르친다. 한때 우리는 권위를 가지지 못했던 아이들이었지만, 언젠가는 직업의 영역에서 혹은 애정의 영역에서 권위를 가져야만 한다.

권위에 대해 반감을 품은 학생은 수직적인 관계를 취하는 것이 어려울 수도 있다. 타자의 가르침에 수동적으로 복종한다는 것은 마치 노예가 된 것 같은 기분을 불러일으키기 때문이다. 복종하는 노예의 쾌락, 이것이 바로 마조히즘이다. 가르침의 관계에서는 마조히즘이 자극되고 스스로의 마조히즘을 부정하는 주체는 선생과의 관계를 부정하려고 할 수 있다. 일찍이 프로이트는 정신분석에서 이것과 같은 형태의 저항이 발생한다는 사실을 지적한 바 있다. 이것은 내가 다른 저서에서 여러 차례 다루었던 거세의 암초라는 현상이다. 그런데 과연 권위를 따르는 것은 전적으로 마조히즘인가? 그렇다면 권위를 존중하고 사랑하는 이들은 모두 마조히스트인가?

권위는 사도-마조히즘과 직접적인 관련이 없다. 물론 권위에 기초한 사회적 관계가 쉽사리 사도-마조히즘적 관계로 변질되는 것은 사실이다. 사도-마조히즘적 관계의 핵심은 강박성과 경직성에 있다. 주인은 항상 옳고 노예는 그 주인에게 무조건 복종해야만 한다. 노예의 생각이 옳다고 해도 주인이 틀렸다고 말하면 틀린 것이 된다. 우리는 이러한 관계를 얼마나 많이 보는가? 자신이 틀렸음을 인정하지 않는 윗사람, 무조건적인 복종을 강요하는 권위자 말이다. 한국인 중 사디스틱한 권위자로 인해서 발생한 폐해에 대해 모르는 사람은 없을 것이다.

한국의 민주주의는 그러한 권위자를 살해함으로써 형성되었다. 마치 프로이트가 「토템과 터부」에서 묘사한 원초적 아버지의 신화처럼 말이다. 프로이트가 말한 바에 따르면 태초에 모든 여자와 재물을 손에 넣은 아버지가 있었다. 아버지를 시기 질투한 아들들은 그 아버지를 살해하고 누구도 그 아버지의 자리에 올라서지 않기로 약

속한다.[57]

이와 유사하게 한국 사회에서 우리는 모두가 평등하다는 환상을 공유한다. 우리는 모두 인간으로서의 인권을 지닌 평등한 존재인 것은 맞지만, 문제는 이러한 평등에 대한 환상이 권위를 부정하게 만들었다는 점이다. 우리가 모두 평등한데 학생이 선생의 말을 들을 필요가 무엇인가? 시민들이 공권력을 존중해야 할 이유가 무엇인가? 현실을 직시하자. 우리는 평등하지 않다. 이미 사회에는 눈에 보이지 않는 계급 체계가 존재하고, 직장에서는 지위고하가 나누어져 있다. 우리는 정말로 평등한가? 주인과 노예의 관계는 오늘날에도 사라지지 않았다. 자기 자식을 노예처럼 키우는 부모들도 적지 않다. 부부 관계는 어떤가? 주인과 노예의 관계는 과거보다 세련된 형태로 존재하며, 우리가 평등하다는 환상에 의해 은폐되어 있을 뿐이다.

권위적 관계와 사도-마조히즘적 관계의 차이점에 대해서 말해 보자. 사도-마조히즘적 관계는 어디까지나 권위의 '남용(abuse)'과 연결되어 있다. 윗자리에 있는 사람, 더 강한 사람이 약한 사람을 착취하고 자신의 즐거움을 위해 그를 대상으로 이용할 때 그것은 '권위의 남용'이 된다. 지배당하는 이는 자신의 의지와는 상관없이 두려움 때문에 명령에 복종하게 되며, 복종하는 자는 이 과정에서 자

---

57) 지그문트 프로이트, 이윤기 옮김, 「토템과 터부」, 『종교의 기원』, 열린책들, 2003, pp.214~221.

신의 인격이 파괴되는 것 같은 수치심을 경험한다.

권위적 관계를 사도-마조히즘적 관계로부터 분리하는 개념은 바로 '인권'이다. 노예제에 기초했던 과거와 현대에서의 암묵적인 지위 고하 사이에 차이가 있다고 한다면, 노예의 위치에 있는 사람이라고 해서 주인이 함부로 대할 수 없다는 '인권'이라는 개념이 생겨났다는 데 있다. 내가 볼 때 인권이라는 개념은 정신분석에서 특히 중요하다. 정신분석을 지키는 것은 인간의 권리를 존중하는 것, 즉 윤리이기 때문이다.

왜 정신분석에서 윤리가 중요할까? 그 이유는 모든 인간이 마조히즘적인, 즉 노예의 위치에 있기 때문이다. 특히 어머니와의 관계에서 아이는 어머니에게 완전히 종속되어 있다. 너무 이른 시기에 태어나서 어머니에게 의존할 수밖에 없는 인간의 한계는 인간의 정신을 기본적으로 노예의 상태와 유사한 것으로 만든다. 그러니 인간의 역사상 노예 제도가 오랫동안 사라지지 않은 것이다. 문제는 어떤 사람도 노예의 상태를 진정으로 즐기지는 않는다는 것이다. 모든 인간은 노예의 정신이 있지만 그것을 두려워하며 노예가 되고 싶어 하지는 않는다. 만약 인간이 노예 취급을 받게 되면 격렬한 저항이 나타나거나 증상이 발생할 수도 있다.

정신분석 경험이 가르쳐 주는 것은 이러한 노예의 상태에서 벗어나기 위해서는 자신이 실질적으로 노예의 상태에 처해 있다는 사실을 인정해야 한다는 점이다. 이 과정을 설명하자면 다음과 같다. 주인의 향유를 위해 일하면서 노예는 사물의 이치를 깨닫고 가공할 수 있는 지식을 가지게 된다. 이렇게 되면서 노예는 주인을 넘어서기 시작한다. 노예는 주인이 알고 있는 것보다 더 많은 것을 알게 됨으로써, 역설적으로 주인이 노예에게 의존하는 상황이 벌어지기 시작한다. 과감하게 이야기하자. 주체화의 과정에서 주인과 노예의 관계는 필수적이다. 주인과 노예의 변증법적 관계가 노예 상태에 있는 주체를 주인으로 만들어 준다.

 노예의 상태를 벗어나기 위해서는 일을 해야 한다. 그런데 대부분의 사람은 일을 하는 데 어려움을 겪는다. 그 이유는 무엇일까? 그 이유는 일을 노예만 하는 것이라고 생각하기 때문이다. 통상적으로 사람들은 일을 '하기 싫은데도 해야 하는 것'으로 정의한다. 하기 싫은데도 한다는 것은 자신이 원해서 하는 것이 아니라 어떠한 다른 요인에 의해서 강제로 한다는 것을 의미한다. 이는 일을 하는 주체로 하여금 자신이 노예인 것처럼 느끼게 만든다. 따라서 노예 상태이기를 거부하는 주체는 일하기를 거부한다. 일하기를 거부함에 따라 그는 사물에 대한 이치와 가공에 대한 지식을 깨닫지 못하게 되며, 이는 주체를 진정한 노예 상태에서 벗어날 수 없도록 만든다.

 오해를 무릅쓰고 말하자면, 정신 병리는 '진정한 주인'이 없기 때문에 발생하는 문제다. 진정한 주인이란 무엇일까? 진정한 주인의 반대는 주인 행세를 하는 노예이다. 주인 행세를 하는 노예는 다른 노예들보다 자신이 우월하다는 생각에 다른 이들을 하대하고 모욕하며 고통을 준다. 혹은 그들로부터 숭배받으며 자신의 뛰어남을 확인받고 싶어 한다. 하지만 진정한 주인은 다르다. 노예의 상태를 알고 그들의 마음을 헤아리며 적절한 보살핌과 보호를 제공하는 것, 노예를 열등한 존재로 여기는 것이 아니라 그저 하는 일이 다를 뿐인 또 다른 인격체로 존중하는 것이 진정한 주인이다.

주인 행세를 하는 노예가 노예에게 강압적으로 명령하는 존재라면, 진정한 주인은 노예를 위해 일하는 주인이다. 주인이 노예를 위해 일하면서 계급 차이는 허물어진다. 이러한 주인은 노예의 마음을 아는 주인이다. 이 주인이 어떻게 노예의 마음을 아는 것일까? 이유는 간단하다. 그 주인 역시 언젠가는 노예였었기 때문이다. 그는 한때 노예로서 열심히 일했다. 그는 노예로서의 자신이 겪었던 고통이 노예들의 입장인 다른 이들에게서 동일하게 반복되지 않도록 노력한다. 그는 노예에서 주인이 되었으며 노예를 부릴 수 있는 지위에 오르게 되었음에도 불구하고 노예들을 노예처럼 부리지 않기 위해서 노력한다. 그는 주인의 권위를 버리고 노예를 위해서 일하는 주인이 된다. 역설적이게도 그는 노예들로부터 진정한 주인으로서 인정받게 된다. 주인의 진정한 뜻은 '노예의 노예'이다. 2024년에 이것을 잘 보여 주는 한 드라마가 방영된 적 있다. 양반의 삶을 살게 된 노비의 이야기를 다룬 『옥씨부인전』이 그것이다.

정신분석의 목표는 노예 상태의 주체를 삶의 주인이 될 수 있도록 만드는 것이다. 그들이 진정한 주인이 되기 위해서는 주인의 위치에 있는 자가 필요하다. '진정한 주인', 즉 노예를 위해 일하는 주인이 필요하다는 것이다. 더 높고 강한 사람이 낮은 사람을 위해 일하는 것을, 우리는 '보살핌' 혹은 '보호'라고 부른다. 노예의 처지인 주체가 삶의 주인이 되기 위해서는 타자에 의한 이러한 보살핌과 보호가 필요하다. 이를 위해서는 주인이 노예처럼 일하고 노예는 주인의 노동을 향유해야 하는 상황이 요구된다. 이러한 향유 속에서 주체에게는 타자에 대한 긍정적인 감정이 발생하며 이 긍정적인 감정으로 인해서 일하는 타자는 더욱 드높여진다. 전이가 발생하여 타자에게 진정한 권위가 부여되는 것이다.

 주인의 노동을 향유하는 노예는 점차 주인에게 보답하기 위해 스스로 일하기 시작한다. 누군가 시켜서 하기 싫은 일을 억지로 하는 노예가 아니라 자기 일을 즐길 수 있는 존재가 되는 것이다. 말하자면 그는 살아가기 위해 일을 해야 한다는 사실을 받아들인다. 그는 일을 즐기고 일을 통해 무엇인가를 배우며 성장한다. 그는 마침내 삶의 주인이 된다. 우리는 평생 일을 하면서 살아가야 한다. 일로부터 면제된 사람은 없다. '자본가'는 일을 안 하는가? 자본가 역시 자본을 유지하기 위해 그 자신만의 일을 한다. 일은 노예가 하는 것이 아니다. 주인도 노예도 모두 일을 한다. 노예와 주인은 일을 대하는 태도에서 차이가 날 뿐이다. 시켜야만 억지로 일을 하는 자가 노예라면 일을 떠맡아 즐기는 이들이 주인이 된다. 어차피 일을 해야 한다면 시켜서 하는 것보다 적극적으로 하는 것이 낫다.

왜 많은 사람들이 사회로 나아가 자기 일을 하지 못하는가? 왜 많은 정신분석가가 프로이트의 권위를 존중하지 못했을까? 그 이유를 이제 조금은 알 것 같다. 이러한 일이 벌어지는 이유는 이들이 주인 행세를 하고 싶었던 노예들의 지배를 받았기 때문이다. 권위를 강조하고 폭력을 행사하는 아버지, 아이에게 한발 양보 없이 자신이 원하는 것을 강요하는 어머니, 환자의 저항을 존중하지 않고 경직된 규칙만을 강조하는 정신분석가, 이러한 사람들 밑에서 가르침을 받은 이들은 권위의 진정한 의미를 알지 못한다. 이들에게 권위는 불필요하고 억압하기만 하는 무엇이자, 동시에 너무나 두려운 무엇이다. 그러한 주체에게 선택지는 두 가지다. 굴욕을 참고 권위에 복종하거나 굴욕적인 상황을 거부하며 무조건 반항하거나.

대부분 수직적 관계의 폐해는 윗사람의 인정 욕망 때문에 발생한다. 가짜 주인들은 자신이 진정한 주인이 아님이 드러날까 봐 노예들을 위협하며 인정을 끌어내려 한다. 그러나 수직적 관계는 아래에 있는 사람이 윗사람을 인정할 때 만들어지는 것이 아니다. 진정한 수직적 관계는 윗사람이 아랫사람을 '아랫사람으로' 인정할 때 만들어진다. 약자가 약하고 궁핍하며 알지 못하는 것은 당연한 일이 아닐까? 약자의 약함을 굳이 드러내고 그것을 타박하는 일은 모멸감과 수치심을 줄 뿐이다. 더 가진 사람이라면 그 풍요를 베풀 수 있어야 하고, 더 강한 사람이라면 그 강함을 토대로 약한 사람을 보호해 주어야 한다. 더 아는 사람이라면 그 지식을 바탕으로 모르는 사람을 가르쳐 줄 수 있어야 하는 것이 아닐까? 이러한 태도는 자신이 타인보다 더 가지고 있음을 인정하는 사람만이 취할 수 있다. 진정한 수직적 관계는 윗사람이 아랫사람을 자신의 윗사람으로 대할 때 만들어진다.

이러한 관계가 없을 때 우리는 노예의 상태를 벗어나기 위해 가면을 쓴다. 자율적 행동자로서의 '자아(moi)'가 바로 그것이다. 그러나 자아라는 가면을 뒤집어쓰는 것으로서는 불충분하다. 노예로서 향유를 경험하는 그 차원 자체에 변화가 일어나야 하기 때문이다. 나에게도 노예의 향유는 문제가 되었다. 나는 그것에게서 벗어나길 원했고 정신분석이 그것을 위한 실천이라는 사실을 알게 되었다. 그리하여 나는 나의 분석가를 만나서 분석을 받게 되었다. 나는 정신분석가와의 관계에서 노예로서의 태도를 보였다. 그러나 분석 작업의 핵심, 즉 자유 연상을 하고 스스로 해석을 고안해 내는 과정은 그러한 태도에서 벗어나는 작업이었다.

이러한 태도를 벗어나지 못하게 만든 최후의 요소가 바로 그와의 첫 면담이었다. 역설적으로 그와의 첫 면담이 분석의 가장 마지막 열쇠였다. 왜 그의 배려가 문제가 되었던 걸까? 그것은 그의 배려를 통해서 고마움을 느꼈던 원인이 바로 내가 나 자신을 열등한 존재로서 파악했다는 데에 있었기 때문이었다. '나같이 하찮은 사람에게 이런 온정을 베풀다니.' 내가 그의 기법을 따라 했던 이유는 그 기법이 '좋았기 때문'인데, 그것을 좋아하며 따라 한다는 것 자체가 나의 태도가 어떤 점에서는 전혀 변하지 않았다는 것을 의미했다. 나는 그를 끊어 내야 했고 그리하여 그의 방식을 관뒀다.

그렇다면 나의 분석은 완전히 끝난 것일까? 그렇지 않다. 끝난 것은 분석가와 나의 관계다. 이전까지 나는 분석가와의 연결에 의해서 분석 작업을 이어 나갔다. 거의 모든 것을 끊어 냈다고 믿었지만 잘 보이지 않았던 가느다란 연결이 남아 있었던 것이다. 이 연결이 끊어지고 나서 나는 '스스로' 작업한다. 즉 분석 작업은 여전히 지속되고 있다. 나는 매일 환자들의 이야기를 듣고 역전이를 경험하면서 그것들을 분석한다. 때때로 분석되지 않는 사항이 있으면 며칠 동안 그것을 붙잡고 있다. 한창 분석하던 때와 분석을 끝낸 뒤 달라진 것은 거의 없다. 한 가지 달라진 점이 있다면 이전까지 내가 분석가에 대한 전이 때문에 작업했다면, 이제는 분석가 없이 스스로 작업한다는 사실이다. 라캉식의 용어로 표현하자면 전이의 작업(travail de transfert)에서 작업의 전이(transfert de travail)로 변화했다고 할 수 있다.

하지만 우리는 자기 분석에서 얻은 자극이 그것이 끝남과 함께 사라지지 않을 것이며 자아 수정 과정이 피분석자에게서 자발적으로 계속될 것이며 이 자아 수정 과정이 이후의 모든 경험을 새로 얻은 의미 속에서 이용하리라는 것에 기대를 걸 수 있다. 이런 일

은 실제로도 일어나며 이런 일이 일어나는 한 피분석자는 분석가가 지녀야 할 능력을 갖추게 된다.[58]

분석 또한 하나의 일이다. 자신을 분석해 본 사람은 알겠지만, 그것을 스스로 하는 일은 매우 어렵다. 프로이트는 분석가가 되기 위해서는 일을 '스스로' 할 수 있어야 한다고 말했다. 누군가의 영향에 의해 분석하는 것이 아니라 스스로 분석하는 것이다. 정신분석가는 자기 일을 사랑하기 때문에 능동적으로 그 일을 하는 사람이다. 피분석자에서 분석가로서의 능력을 갖추게 되는 것은 곧 노예에서 주인으로 포지션을 옮기는 것이라고도 말할 수 있을 것이다.

내 경험에 의하면 피분석자에서 분석가로 옮겨 가기 위해서는 한 가지 단계가 과정으로서 요구된다. 바로 '분석 주체(analysant)'로서의 단계가 그것이다. 피분석자가 분석가에 의해 분석되는 존재라면 분석 주체는 분석가가 분석하지 않아도 스스로 분석하는 주체를 말한다. 피분석자로서의 포지션을 취한 주체는 분석가가 '침묵'하는 것을 견디지 못한다. 그것은 곧 관계의 단절 그 자체를 의미하기 때문에 분석가는 이때 주체의 말을 듣고 적절한 해석을 해야 한다. 분석가의 해석을 통해서 분석을 위해 필요한 지식과 태도가 주체에게 전수된다. 이 과정이 충분히 진행되면 주체는 더 이상 분석

---

58) 지그문트 프로이트, 이덕하 옮김, 「끝낼 수 있는 분석과 끝낼 수 없는 분석」, 『끝낼 수 있는 분석과 끝낼 수 없는 분석』, 도서출판 b, 2004, pp.371~372

가의 해석이 필요하지 않다. 내가 그러했던 것처럼 분석 주체는 분석가가 침묵한다고 하더라도 그의 사소한 제스처를 통해서 욕망을 읽어 내며 이를 통해 스스로를 분석한다. 말하자면 분석 주체로서의 주체는 분석가의 욕망을 분석함으로써 자기 자신의 욕망을 해석한다.

이때 분석 주체는 완전히 홀로 있지 않다. 그는 분석가에게 전이를 일으키고 있다. 즉 분석 주체와 분석가와의 관계는 철저히 수직적 관계다. 다만 여기서 분석 주체는 분석가에 의해 분석 당하지 않으며 능동적으로 움직인다. 이것이 '작업'에 대한 태도를 변화시킨다. 이러한 태도의 변화는 '수직적' 관계 속에서만 일어난다. 나는 나의 분석가를 두려워했고 그가 싫어할 만한 행동은 하지 못했다. 그의 심기를 거스르며 무엇인가를 물어볼 생각을 하지 못했고 대신 그가 어떤 뜻을 가졌는지 최대한 알아내고자 했다. 분석의 과정 동안 나 자신의 만족은 중요하지 않았다. 내가 알기를 원했던 것은 오직 '정신분석가의 욕망'이었다. 이를 위해서 나는 절제하고 오직 분석가가 보여 주는 것이 무엇인지에만 집중할 수밖에 없었다.

피분석자가 선택하게 만드는 모든 논리적, 감정적 이의 제기를 억제하고 자기 관찰에 포착된 모든 것을 이야기해야 하는 것처럼 의사는 피분석자가 한 이야기 모두를 해석의 목적을 위해, 즉 숨겨진

무의식을 알아내는 데 사용해야 한다.59)

나는 분석가로부터 분석을 받는 동시에 나의 분석가를 분석하려고 했다. 돌이켜 생각해 보면 나는 분석가로서의 태도를 이미 갖춘 상태에서 분석가를 만나러 갔다고 할 수 있다. 그러나 나는 내가 제대로 하는 것인지 확신할 수 없었다. 아무런 인정도 받지 못한 내가 과연 정신분석가가 될 수 있을까? 나로 하여금 나에게 존재하는 정신분석가의 욕망을 적극적으로 받아들이지 못 하게 만든 것은 바로 인정에 대한 욕망과 권위에 대한 두려움이었다. 결국 내가 정신분석가가 되지 못하도록 만든 장애물은 바로 인정 욕망과 권위에 대한 두려움이었던 것이다.

나는 정신분석에 '주체'로서 참여했다. 주체로서 분석하기 위해서 나는 나의 욕구를 그다지 중요하게 생각하지 않았었는데 나의 분석이 빠르게 끝날 수 있었던 것은 이 때문일 것이다. 나는 분석 도중 나의 감정과 만족을 주장하지 않았으니까 말이다. 나는 사사로운 감정보다 작업이 더 중요했다. 나는 분석 과정을 통해서 연상하는 법과 해석하는 법을 배우게 되었다. 아마도 그가 나에게 너무 많은 것을 가르치려고 했다면 이러한 과정은 일어나지 못했을 것이다. 자크 랑시에르가 『무지한 스승』에서 말하는 것처럼 아무것도 가르

---

59) 지그문트 프로이트, 이덕하 옮김, 「정신분석 치료를 행하는 의사에게 하고 싶은 조언」, 『끝낼 수 있는 분석과 끝낼 수 없는 분석』, 도서출판 b, 2004, pp.54~55

치지 않아도 무엇인가 배울 수 있는 법이다.

　나는 정신분석의 가르침을 철저히 따르고자 했다. 나는 정신분석가가 직접적으로 해석을 하는 것이 주체에게 그리 좋지 않다는 사실을 알고 있었고, 라캉의 정신분석이 그 한계를 극복하기 위해 주체로 하여금 스스로 해석을 발명해 낼 수 있도록 한다는 사실을 알고 있었다. 그리고 이것을 실제로 행하는 것이 너무 어렵고 불가능해 보일지라도 나는 텍스트에 쓰여 있는 것을 그대로 실천하려고 했다. 그 결과 내가 알게 된 것은 확실히 라캉의 방법은 분석가를 양성하는 데 있어서 효과가 있다는 점이다.

　지금도 나는 내가 분석을 받았던 방법, 라캉식의 분석 방식이 가장 정신분석을 빠르게 배울 방법이라고 생각한다. 라캉식 분석 방식은 관계에 대한 초점을 배제하고 짧은 시간 내에 분석의 핵심에 접근하는 방법임은 분명하다. 짧은 상담은 분석 주체로 하여금 해석을 발명해 내도록 만든다. 좌절을 견딜 수 있는 인내력만 충분하다면, 나는 지금도 이 방법을 추천하고 싶다.

　그런데 내 경험에 따르면, 짧으면 수 분, 길어야 20분 정도로 이어질 뿐만 아니라, 대부분의 시간 동안 분석가는 거의 침묵하며 때때로 수수께끼 같은 형태의 해석을 하는 방식의 분석을 견딜 수 있는 사람은 거의 없는 것 같다. 이 방법은 대상으로서의 포지션을 스스로 끊어 내고 주체로서 욕망을 가지길 원하는 이들에게 적합하다. 어떤 주체가 철저히 대상화되는 것 같은 상황을 견뎌 낼 수 있는 것은, 그가 존재의 차원에서 스스로를 대상이라고 간주하지 않기 때문이다. 즉 나와 같은 태도는 분석가의 욕망을 거의 성취하기 직전에 도달한 주체들에게서 발견된다.

반대로 많은 경우 분석의 주체들은 '피분석자'로서나 혹은 '환자'로서의 포지션을 취한다. 이 둘의 공통점은 스스로 독립적이라 여기지만 본질적 차원에서는 대상으로서의 포지션을 취하고 있다는 점이다. 즉 권위적 타자에 의해 대상이 되는 것에서 만족을 느끼는 상태를 말한다. 환자는 가만히 있어도 분석가가 분석해 줄 것이라고 믿는다면, 피분석자는 분석에서 적어도 자신의 역할이 있다는 사실-분석에서 자유 연상을 해야 한다는 사실-을 아는 단계라고 할 수 있다.

모든 주체가 분석 주체로서의 태도를 가지고 분석에 참여하는 것은 아닌 것 같다. 어떤 주체는 환자로서, 어떤 주체는 피분석자로서 분석을 시작한다. 지금까지 내 분석 경험에 의하면 한 명의 주체가 분석가가 되기 위해서는 이 모든 단계를 거쳐야만 한다. 자신의 증상과 마주하고 그것으로부터 나아지기 위해 총 몇 년의 시간이 걸릴까? 나는 한 명의 주체가 분석가로서 양성되는 데 대략 7년의 기간을 생각하고 있다.

다시 돌아가자. 분석이 끝난 지금, 나는 여전히 나 자신의 분석을 계속하고 있다. 아마도 이 작업은 평생 계속될 것이다. 내가 분석가로 살아가는 한 자기 분석이라는 작업은 멈추지 않을 것이다. 나는 정신분석을 통해 무의식을 확인했고 그것을 분석하는 것이 효과가 있음을 몸소 체험했기 때문이다. 경험을 통해 알게 된 것을 어떻게 스스로 부정하겠는가? 그리고 이 방법을 가르쳐 준 것은 나의 분석가다. 그는 아무것도 가르치지 않는 방식으로 무엇인가를 가르쳤다. 그라는 존재 자체가 없었다면 나는 정신분석이 무엇인지 알 수 없었을 것이다. 나를 정신분석가로 만들어 준 것은 그와의 분석 작업이다.